O ATO PEDAGÓGICO
planejar, executar, avaliar

EDITORA AFILIADA

Dados Internacionais de Catalogação na Publicação (CIP)
(Câmara Brasileira do Livro, SP, Brasil)

Luckesi, Cipriano Carlos
  O ato pedagógico : planejar, executar, avaliar / Cipriano Carlos Luckesi. – São Paulo : Cortez, 2023.

Bibliografia.
ISBN 978-65-5555-426-7

1. Avaliação educacional 2. Educação 3. Educação - Filosofia 4. Ensino 5. Pedagogia 6. Planejamento educacional 7. Prática de ensino I. Título.

23-169473   CDD-371.26

Índice para catálogo sistemático:

1. Avaliação : Planejamento : Educação   371.26

Cibele Maria Dias - Bibliotecária - CRB-8/9427

Cipriano Carlos Luckesi

O ATO PEDAGÓGICO
planejar, executar, avaliar

São Paulo – SP

2023

O ATO PEDAGÓGICO: PLANEJAR, EXECUTAR, AVALIAR
Cipriano Carlos Luckesi

Direção editorial: Miriam Cortez
Coordenação editorial: Danilo A. Q. Morales
Assistente editorial: Gabriela Orlando Zeppone
Preparação de originais: Agnaldo Alves
Revisão: Ana Paula Luccisano
         Alexandre Ricardo da Cunha
         Tatiana Tanaka
Projeto gráfico e diagramação: Linea Editora
Capa: de Sign Arte Visual

Nenhuma parte desta obra pode ser reproduzida ou duplicada sem autorização expressa do autor e do editor.

© 2023 by Autor

Direitos para esta edição
CORTEZ EDITORA
R. Monte Alegre, 1074 – Perdizes
05014-001 – São Paulo-SP
Tel.: +55 11 3864 0111
editorial@cortezeditora.com.br
www.cortezeditora.com.br

Impresso no Brasil – outubro de 2023

Dedicamos o presente livro às educadoras e aos educadores da Pré-Escola, do Ensino Fundamental, do Ensino Médio, do Ensino Superior e da Pós-Graduação, sempre no desejo de que possamos conduzir a prática pedagógica na perspectiva de que todos os nossos estudantes aprendam e, por isso, se desenvolvam.

SUMÁRIO

Introdução 13

PARTE I
FUNDAMENTOS DO ATO
INSTITUCIONAL DE ENSINAR

Introdução à Parte I 19

CAPÍTULO 1 — Articulação entre filosofia da educação, planejamento, prática do ensino e avaliação da aprendizagem 21

   1. Comprometimento filosófico-político como característica do ser humano 21

   2. Comprometimento filosófico, social e político nos atos de planejar, executar e avaliar no âmbito do ensino institucional 26

   3. Planejamento, execução e avaliação: uma síntese 30

CAPÍTULO 2 — Fundamentos teóricos para a prática do ensino institucional 31

   1. O processo formativo do ser humano como base para a ação pedagógica institucional 31

1.1. O ser humano como ser uno 32
1.2. Bases para uma concepção pedagógica construtiva   33
1.3. Camadas embrionárias constitutivas do ser humano 36
1.4. A continência materna e paterna para nossa constituição 38
1.5. Espaço e tempo como condições necessárias para o nosso desenvolvimento como seres humanos 39
2. Ensino e aprendizagem dos conteúdos escolares e universitários no processo formativo dos estudantes 40
    2.1. O ensino como recurso subsidiário da aprendizagem e consequente desenvolvimento de nossos estudantes 40
    2.2. Princípios básicos e necessários a serem levados em consideração na prática de ensino 41
3. A prática docente 43
Concluindo 44

PARTE II
O EXERCÍCIO DO ATO DE ENSINAR: PLANEJAR, EXECUTAR, AVALIAR

Introdução à Parte II 47

CAPÍTULO 3 — Planejamento do ensino: traçando o caminho para o ato pedagógico de ensinar 49
    1. Compreendendo o ato de planejar o ensino 50
    2. Planejamento didático de uma aula tendo em vista o ensino em nossas instituições educativas 53

2.1. Configuração institucional dos conteúdos de uma disciplina... 53
2.2. Exemplificando a proposição dos conteúdos de uma disciplina 54
2.3. Planejamento de uma aula no âmbito da disciplina — Avaliação da aprendizagem escolar ... 56
    I.   Roteiro geral de um plano de aula................ 56
    II.   Aplicando o roteiro exposto no planejamento de uma aula: um exemplo...... 57
    III.   Um esquema para a abordagem do conteúdo a ser ensinado tendo em vista uma aula expositiva seguida de um estudo em grupo .. 59
3. Considerações finais sobre o planejamento de uma aula.. 60

CAPÍTULO 4 — O ato de ensinar e sua prática.................... 62
1. Cuidados pedagógicos no ato de ensinar 64
    1.1. Acolher... 64
    1.2. Nutrir... 65
    1.3. Sustentar 67
    1.4. Avaliar.. 68
    1.5. Reorientar 69
2. Considerações finais a respeito do ato de ensinar........... 70

CAPÍTULO 5 — Uma introdução à fenomenologia do ato de avaliar a aprendizagem dos estudantes................................. 73
1. A respeito do uso dos atos avaliativos da aprendizagem dos estudantes 74
2. Possibilidades da avaliação da aprendizagem 81
3. Concluindo 86

CAPÍTULO 6 — Compreensão teórica do ato de avaliar a aprendizagem dos estudantes nas instituições de ensino ... 88

1. Compreensão epistemológica do ato de avaliar 89

    1.1. Acolher a realidade com a qualidade com a qual se apresenta 89

    1.2. A prática metodológica do ato de avaliar 91

    1.3. Pano de fundo epistemológico do ato de avaliar 93

    1.4. Sintetizando a compreensão epistemológica do ato de avaliar 94

2. Utilização dos recursos epistemológicos anteriormente estabelecidos na prática da avaliação da aprendizagem nas instituições de ensino 94

    2.1. O acolhimento dos estudantes como ponto de partida para a prática da avaliação da sua aprendizagem 94

    2.2. Coleta de dados na prática da avaliação da aprendizagem dos estudantes 97

    2.3. Qualificação dos resultados da aprendizagem dos estudantes no espaço institucional 100

3. Tomada de decisão e ação com base nos resultados da investigação avaliativa 102

4. Significado da avaliação da aprendizagem dos estudantes 102

CAPÍTULO 7 — Recursos metodológicos para a prática da avaliação da aprendizagem nas instituições de ensino 104

1. Instrumentos de coleta de dados para a avaliação da aprendizagem 104

    1.1. Possibilidades de coleta de dados para a avaliação da aprendizagem 105

1.2. Instrumentos tecnicamente elaborados de coleta de dados para a avaliação da aprendizagem dos estudantes 107

    1.2.1. Adequação dos instrumentos de coleta de dados aos objetivos da prática avaliativa 108

    1.2.2. Qualidades técnicas necessárias dos recursos de coleta de dados para a avaliação da aprendizagem dos estudantes. 113

2. Aplicação dos instrumentos de coleta de dados em sala de aula 121

    2.1. Uso dos instrumentos de coleta de dados para a avaliação 121

    2.2. Chegada à sala de aula 121

    2.3. Acompanhamento dos estudantes no período destinado a responder às questões propostas através do instrumento de coleta de dados 122

3. Recolhimento, correção e devolução dos instrumentos de coleta de dados relativos à avaliação da aprendizagem 123

    3.1. Recolhimento e correção dos instrumentos de coleta de dados 123

    3.2. Devolução dos resultados 123

4. Mais algumas observações 124

    4.1. Fatores intervenientes na aprendizagem 124

    4.2. A prática da avaliação da aprendizagem de nossos estudantes 126

5. Considerações finais em torno das questões metodológicas relativas à avaliação da aprendizagem dos estudantes 128

    5.1. Sobre o uso de instrumentos de coleta de dados 128

5.2. Sobre o uso diagnóstico e probatório dos
resultados da investigação avaliativa 129
5.3. Sobre o registro do aproveitamento dos estudantes
sob a forma de nota 131
5.4. Findando as considerações a respeito da prática
da avaliação da aprendizagem em nossas
instituições de ensino 132

Considerações finais 135
Leituras complementares — Bibliografia 137
Anexo único — Prática da investigação da qualidade da aprendizagem: exames ou avaliação? 143
   1. Caraterísticas dos exames escolares e universitários 144
   2. Caraterísticas da avaliação da aprendizagem escolar e
universitária 147
   3. Em nossas escolas e universidades, temos praticado
exames ou avaliação da aprendizagem? 148

INTRODUÇÃO

Desejamos iniciar a Introdução deste livro por uma observação redacional. Tentamos, por várias vezes, a utilização das expressões masculinas e femininas no decurso da composição das páginas desta obra como de modo usual tem ocorrido nas comunicações orais e escritas no nosso meio sociocultural, e, em consequência, observamos a necessidade de excessivas repetições dessas referidas expressões. Diante dessa situação, preferimos nos servir da forma clássica de utilização da expressão linguística no modo masculino representando ambos os sexos. Registramos esse fato a fim de evitar incômodos que possam emergir no decurso da leitura em decorrência da decisão que tomamos, tendo em vista evitar as excessivas repetições das referidas expressões.

Após a observação anterior, segue uma apresentação daquilo que o leitor encontrará nas páginas deste livro, que aborda o ato de ensinar nos espaços educativos institucionais escolares e universitários. Para tanto, propomos compreensões em torno das três práticas básicas daqueles que atuam no âmbito do ensino, que são: planejar, executar e avaliar.

Planejar, tanto no âmbito da prática de ensino, como no âmbito de outras atividades humanas, é a atividade por meio da qual configuramos, em primeiro lugar, aquilo que desejamos conquistar com nossa ação e, a seguir, as ações necessárias, tendo em vista o atendimento do objetivo ou dos objetivos desejados e definidos, e, por fim, delineamos os recursos necessários para a execução da ação proposta.

Executar o planejado é o meio pelo qual, através de nossa ação, conseguimos atingir os resultados desejados e configurados no plano delineado. A execução do planejado é a mediação através da qual investimos na construção dos resultados desejados e definidos no plano de ação.

Por último, *avaliar* é o ato que tem por objetivo revelar ao gestor da ação planejada a qualidade dos resultados obtidos, tanto no decurso da sua execução, como ao seu final. Por meio do ato de avaliar, investigamos a qualidade da realidade, cujos resultados investigativos subsidiam decisões, tendo em vista os encaminhamentos necessários para a construção dos resultados desejados, assim como para a sua conquista final.

Nesse contexto, esta obra oferece ao leitor compreensões e orientações relativas às atividades de ensinar, através dos atos de planejar a ação pedagógica, executar o planejado e investigar a qualidade da aprendizagem dos nossos estudantes. Três condutas metodologicamente articuladas entre si e imprescindíveis para o profissional que atua nas atividades de ensino em nossas instituições educativas.

Os dois primeiros capítulos do livro estão comprometidos com a configuração dos pressupostos filosóficos que subsidiam o exercício do ato de ensinar em nossas instituições escolares e universitárias. Tanto para nossa prática educativa como para todos os nossos atos funcionais de ensino no cotidiano de nossas instituições educativas importa a nós, educadores, ter ciência e clareza a respeito de quais objetivos estão a guiar nossa ação e nosso modo de ser e de agir em nossa área profissional.

O terceiro capítulo tem como objetivo orientar-nos no planejamento de nossa ação pedagógica, tendo em vista o atendimento aos nossos estudantes. Propriamente, nesse capítulo, serão abordados os cuidados necessários no processo de configurar os encaminhamentos para nossa ação pedagógica. Trata, pois, metodologicamente, do modo como cumpriremos nossa tarefa na atividade de planejar o ensino.

O quarto capítulo estabelece uma compreensão a respeito do ato de ensinar e do seu significado na vida profissional de cada um de nós professores, bem como na vida dos estudantes com os quais atuamos.

O quinto capítulo, por sua vez, está dedicado à compreensão do ato institucional de avaliar a aprendizagem dos nossos estudantes. Importa termos ciência a respeito da eficiência da nossa ação pedagógica, ou seja, se nossos estudantes aprenderam aquilo que deveriam ter aprendido em decorrência de nossa ação pedagógica definida tanto no Currículo Institucional, como no Programa da Disciplina com a qual atuamos. Em caso positivo, ótimo; em caso negativo, os resultados obtidos através da investigação avaliativa nos subsidiarão nas decisões necessárias relativas à reorientação da aprendizagem de nossos estudantes.

O sexto capítulo trata propriamente da compreensão epistemológica da avaliação da aprendizagem de nossos estudantes, assim como aborda os cuidados metodológicos necessários no ato de investigar a sua qualidade e, em consequência, tomar as decisões que se fizerem necessárias, tendo em vista a efetiva aprendizagem por parte dos estudantes com os quais atuamos pedagogicamente.

O sétimo e último capítulo está dedicado às questões metodológicas relativas ao ato de investigar a qualidade da aprendizagem dos estudantes, tanto no espaço escolar como no espaço universitário.

A seguir, o leitor encontrará uma breve conclusão integrando todos os estudos realizados no decurso das páginas desta obra, cujo objetivo é propiciar ao leitor uma síntese geral em torno das diversas temáticas abordadas.

Encerrando o presente livro, ao seu final, encontra-se um Anexo que aborda a distinção necessária entre os atos de examinar e de avaliar a aprendizagem nas atividades institucionais de ensino. De modo usual, praticamos provas no cotidiano de nossas instituições de ensino, contudo, a proposição deste livro é para que atuemos com a avaliação. Esse Anexo possibilita uma compreensão dos dois modos de agir — examinar e avaliar —, fator que nos possibilita uma orientação para nosso modo pedagógico de atuar.

Desejamos a todos os leitores da presente publicação bons estudos relativos aos atos de planejar, executar e avaliar a aprendizagem de nossos estudantes, tendo em vista sua formação segundo as exigências institucionais do presente momento histórico e, ao mesmo tempo, com um olhar voltado para o futuro.

Como autor do presente livro, desejamos a todos os leitores bons estudos, sempre na esperança de que o ato de ensinar, com todas as suas nuances, ganhe em nossas instituições educativas uma compreensão teórico-metodológica que ofereça orientações significativas para o nosso agir pedagógico cotidiano, tendo em vista a eficiência necessária na formação saudável de nossos estudantes como indivíduos e como cidadãos.

Desejamos sucesso na vida de todos — educadoras, educadores, estudantes! Desejamos formação consistente, assim como vida longa e saudável para todos!

PARTE I

FUNDAMENTOS DO ATO INSTITUCIONAL DE ENSINAR

INTRODUÇÃO À PARTE I

Os processos educativos do ser humano ocorrem sob duas modalidades: a educação familiar e social, que se processa no cotidiano de todos nós, e a educação institucional, que ocorre, de modo predominante, nos ambientes escolares e universitários.

Na educação familiar, pais, avós, tios, tias, familiares, amigos atuam de modo constante e intermitente para a educação de cada um dos seus membros. A educação institucional, por sua vez, se dá sob a liderança de profissionais que têm por missão cuidar do ensino, da aprendizagem e da formação dos seus estudantes. As mais comuns atividades institucionais de ensino ocorrem através da educação escolar e universitária.

Nesse contexto, abordando a questão dos atos institucionais de ensinar e aprender, importa ter sempre presentes os princípios filosóficos norteadores dos atos pedagógicos que praticamos.

Nesse âmbito de compreensão, os Capítulos 1 e 2 — componentes da Parte 1 do presente livro — trazem compreensões filosóficas que, a nosso ver, devem orientar a prática institucional cotidiana nos nossos atos de planejar e de executar o ensino, como também no ato de avaliar e, se necessário, reorientar a aprendizagem dos nossos estudantes, propiciando-lhes, desse modo, condições de uma formação saudável para si mesmos e para o meio social no qual vivem.

A Parte I trata da orientação teórico-prática para ação pedagógica de ensinar, cujos conteúdos abordados são:

Capítulo 1 — Articulação entre Filosofia da Educação, planejamento, prática do ensino e avaliação da aprendizagem

Capítulo 2 — Fundamentos teóricos para a prática do ensino institucional

CAPÍTULO 1
ARTICULAÇÃO ENTRE FILOSOFIA DA EDUCAÇÃO, PLANEJAMENTO, PRÁTICA DO ENSINO E AVALIAÇÃO DA APRENDIZAGEM

A prática do ensino tem como pano de fundo uma proposição teórico-prática composta por compreensões filosóficas que orientam a ação pedagógica de planejar, executar e avaliar os resultados decorrentes das atividades educativas institucionais. No decurso do presente capítulo, estabeleceremos uma introdução à necessidade de estarmos conscientes a respeito do significado axiológico dos atos de planejar, executar e avaliar na prática educativa institucional, espaço de nosso exercício profissional.

1. COMPROMETIMENTO FILOSÓFICO-POLÍTICO COMO CARACTERÍSTICA DO SER HUMANO

Em decorrência de nossa constituição como seres humanos, agimos tendo em vista construir resultados para nós mesmos, assim como para o coletivo do qual fazemos parte. Para tanto, podemos agir de modo usual e comum ou de modo crítico e planejado.

Agir de modo usual e comum significa atuar no decurso das vinte e quatro horas do nosso dia buscando o atendimento de nossas múltiplas e variadas necessidades, tanto individuais como coletivas. Afinal, uma necessidade cotidiana. Por outro lado, agir de modo crítico e planejado implica praticarmos nossas ações orientados por finalidades específicas estabelecidas de modo prévio e consciente. De maneira usual, esse modo de agir faz parte de nossa vida profissional, porém, nada impede que também faça parte de nossa vida cotidiana.

À medida que, em decorrência de nossa constituição como seres humanos, não nos contentamos com a forma natural do mundo que nos cerca, assumimos investir na sua transformação tendo em vista satisfazer nossas necessidades segundo a compreensão que temos dessa realidade que nos envolve. Nesse contexto, vale observar que os animais, de modo geral, convivem com o meio ambiente onde nasceram e vivem, contudo, nós seres humanos atuamos para transformá-lo em um ambiente propício às nossas necessidades, fator que nos revela como seres ativos.

Nesse contexto, vale sinalizar que nós seres humanos, ao agirmos com o objetivo de construir um ambiente que atenda tanto às nossas necessidades individuais como também às nossas necessidades coletivas, de modo simultâneo, construímos a nós mesmos. Afinal, somos, individual e coletivamente, como nós nos construímos através de nossa ação e do nosso viver.

Friedrich Engels, em seu texto "A humanização do macaco pelo trabalho"[1], após fazer um registro a respeito do modo como nós seres humanos nos constituímos através do trabalho — propriamente através da nossa ação —, concluiu que:

---

1. Friedrich Engels, A humanização do macaco pelo trabalho. *In*: ENGELS, F. *A dialética da natureza*. 4. ed. Rio de Janeiro: Paz e Terra, 1985. Apêndice, p. 215-228. N.A. — Evitando sucessivas repetições de citação da mesma obra, o leitor não encontrará, no decurso do presente capítulo, o registro das páginas específicas nas quais se encontra cada uma das citações desse referido texto de Engels. Caso o leitor tenha o desejo de entrar em contato com o texto específico do autor, basta seguir a indicação bibliográfica indicada anteriormente na presente nota de pé de página. Esse texto foi escrito por Engels em finais do ano de 1875.

O animal apenas utiliza a Natureza, nela produzindo modificações somente por sua presença; o homem a submete, pondo-a a serviço de seus fins determinados, imprimindo-lhes as modificações que julga necessárias, isto é, domina a Natureza. Esta é a diferença essencial e decisiva entre o homem e os demais animais; e, por outro lado, é o trabalho[2] que determina essa diferença.

Ou seja, nós seres humanos, de um lado, convivemos com o meio ambiente simplesmente pelo fato de nele estarmos presentes e aí vivermos, e, de outro, praticamos interferências, transformando-o em busca do atendimento e satisfação de necessidades próprias do nosso ser e do nosso estar no mundo.

Enquanto nós, seres humanos, agimos por intencionalidade, transformando a natureza para atender às nossas necessidades e ao nosso modo de vida, os demais seres vivos, que, biologicamente, detêm recursos de movimento e ação, agem por contiguidade, isto é, vivem na natureza e com ela convivem, servindo-se dela com as qualidades com as quais se apresenta. Em síntese, não interferem no meio ambiente, tendo em vista transformá-lo para satisfazer suas necessidades.

No caso de nós humanos, ao mesmo tempo que construímos o mundo externo a nós tendo em vista satisfazer nossas necessidades, construímos a nós mesmos. Nossa ação sobre o mundo externo a nós configura-nos como humanos e, pois, como sujeitos de nossa auto--organização e de nossas habilidades. Na busca de satisfazer nossas necessidades, configuramos — cultural e socialmente — o mundo no qual nos damos, e, ao mesmo tempo, no qual nos autoconstruímos.

Porém, o próprio Engels, no texto antes referido — "A humanização do macaco pelo trabalho" —, nos sinalizou que, como seres humanos, nossa ação no seio da natureza, ao lado dos efeitos benéficos,

---

2. N.A. — Importa ter presente que o termo "trabalho" utilizado por Engels nesse texto significa a ação do ser humano que transforma a natureza, tendo em vista atender às suas necessidades. Não se refere especificamente ao "trabalho produtivo" no contexto da sociedade do capital.

pode produzir efeitos maléficos. Tendo presente essa compreensão, acrescentou:

> Mas não nos regozijemos demasiadamente em face dessas vitórias humanas sobre a Natureza. [Em decorrência de] cada uma dessas vitórias, ela exerce a sua vingança. Cada uma [dessas vitórias], na verdade, produz, em primeiro lugar, certas consequências com que podemos contar, mas, em segundo e terceiro lugares, produz outras muito diferentes, não previstas, que quase sempre anulam as primeiras consequências.

Para exemplificar situações nas quais ações humanas podem gerar resultados negativos para o próprio ser humano, dentre outros acontecimentos históricos, o autor nos lembrou de que:

> Os homens que, na Mesopotâmia, na Ásia Menor e noutras partes [do mundo] destruíram os bosques para obter terra arável, não podiam imaginar que, dessa forma, estavam dando origem à atual desolação dessas terras, ao despojá-las de seus bosques, isto é, dos seus centros de captação e acumulação de umidade.

A conclusão à qual o próprio autor chegou, em decorrência da constatação anteriormente relatada, foi de que:

> Somos, a cada passo, advertidos de que não podemos dominar a natureza como um conquistador domina um povo estrangeiro, como alguém situado fora da natureza; mas sim que lhe pertencemos, com a nossa carne, nosso sangue, nosso cérebro; que estamos no meio dela; e que todo o nosso domínio sobre ela consiste na vantagem que levamos sobre os demais seres...; [propriamente a possibilidade de] chegar a conhecer suas leis e aplicá-las corretamente.

Através dos posicionamentos citados, Engels deixou explícita a clareza que tinha a respeito de que a ação humana gera consequências, tanto sobre a natureza propriamente dita como também sobre o mundo humano e social. Compreendeu desse modo que nossa ação, tanto individual como coletiva, produz no seio da natureza efeitos positivos como também efeitos que podem ser negativos. Os benefícios e as satisfatoriedades, como os malefícios e as insatisfatoriedades, no caso, decorrem da nossa ação na busca de resultados previamente escolhidos. Escolhas que podem dar-se de modo consciente como também de modo usual, oferecendo direção ao nosso agir no cotidiano de nossa vida.

Essa compreensão nos conduz a entender que nossa ação sobre a realidade externa a nós mesmos necessita estar voltada para a obtenção de resultados satisfatórios para nós e para todos os seres humanos, não exclusivamente para alguns. Isso significa que importa compreender as efetivas determinações sociais de nossa ação, de tal forma que possamos escolher fins e meios para o nosso agir que sejam sadios para todos, tanto no que se refere aos efeitos imediatos, como no que se refere aos efeitos em médio e longo prazos.

Constitutivamente, nossa ação é sempre política, ocorra ela no nível micro ou no nível macro da vida social. As ações que ocorrem no nível macrossocial são facilmente distinguíveis quanto aos seus efeitos, tanto sobre o ser humano individual como sobre o ser humano tomado de modo coletivo. Porém, as ações que se dão no nível microssocial têm seus efeitos menos visíveis, devido a serem ações configuradas como privadas. Nesse contexto, estabelece-se a sensação de que as ações privadas, supostamente, não interferem na vida social.

No entanto, não podemos nos esquecer de que as macroperspectivas da sociedade se cimentam nas ações privadas, afinal, no micropoder, que atravessa as relações entre os seres humanos tomados individualmente ou em pequenos grupos, como entre pais e filhos, entre administradores e trabalhadores em um empreendimento, entre professores e seus estudantes em sala de aula, entre líderes religiosos e seus fiéis nos espaços destinados às suas celebrações... O micropoder é o meio pelo qual o macropoder se sedimenta em uma trama de relações que estrutura e consolida o corpo social que conhecemos.

Importa, pois, reconhecermos o significado político presente nas relações que ocorrem no nível microssocial, evitando, desse modo, gerar uma dormência em nossa consciência. Agir de modo habitual — como se nossos atos individuais e particulares não tivessem conotação política — é uma forma de contribuir, ao longo do tempo, para a emergência de consequências que podem ser negativas tanto para nós individualmente como para o coletivo que nos cerca.

Devemos, pois, estar cientes de que quando agimos em nosso cotidiano pessoal e profissional como se ele fosse despolitizado, estamos dando forma a um posicionamento que, em si, é efetivamente político; ou seja, considerar as ações individuais como despolitizadas, por si, expressa um posicionamento político.

Em síntese, é importante, de modo consciente, ter a clareza de que, constitutivamente, somos seres sociais e políticos, e, desse modo, comprometidos com a vida social como um todo, com a *polis*, segundo expressão de Aristóteles.

Na prática educativa institucional, não há como profissionalmente assumirmos posição diversa das compreensões e proposições formuladas por Friedrich Engels antes expostas. Importa, sim, termos clareza a respeito da direção para a qual conduziremos nossa ação, tanto do ponto de vista da vida pessoal como do ponto de vista da vida profissional.

2. COMPROMETIMENTO FILOSÓFICO, SOCIAL E POLÍTICO NOS ATOS DE PLANEJAR, EXECUTAR E AVALIAR NO ÂMBITO DO ENSINO INSTITUCIONAL

Tendo em vista tomarmos consciência do estabelecido no tópico anterior do presente capítulo, vale uma referência de Roger Garaudy, no seu livro *O projeto esperança*, publicado na língua francesa no ano de 1976 e em tradução brasileira no ano de 1978. Nesse livro, o autor nos lembrou de que, para construir o futuro através da prática educativa, não basta estarmos atentos, de modo exclusivo, aos *meios* necessários para sua execução.

Deixou explícito que, como ponto de partida e como pano de fundo necessários para nossas ações no âmbito educacional, há necessidade de estarmos atentos aos seus *fins*, que serão traduzidos na prática educativa através dos *meios*. A respeito disso, afirmou ele:

> A função primordial da educação já não pode ser adaptar a criança [ou quem quer que seja] a uma ordem existente, fazendo com que assimile os conhecimentos e o saber destinados a inseri-la em tal ordem, como procederam gerações anteriores, mas, ao contrário, ajudá-la a viver [em] um mundo que se transforma em ritmo sem precedente histórico, tornando-a, assim, capaz de criar o futuro e de inventar possibilidades inéditas. Que nossos sistemas escolares e universitários atuais não correspondem — em absoluto — a essa nova necessidade é uma evidência de que as experiências de maio de 1968, nas universidades do mundo inteiro, e nas manifestações de contestação dos estudantes no curso dos anos que se seguiram, foram sintomas brutalmente reveladores.
> O problema em questão não pode mais ser resolvido simplesmente por uma reforma do ensino, isto é, por uma modificação dos meios que permita atingir melhor os fins até aqui visados, mas [sim] por uma verdadeira revolução cultural, que ponha novamente em questão esses fins, e se oriente para a pesquisa e a descoberta de um novo projeto de civilização[3].

---

3. Roger Garaudy, *O projeto esperança*. 4. ed. Rio de Janeiro: Salamandra, 1978. p. 84-85. N.A. — A paragrafação do texto original foi modificada para melhor entendimento da posição do autor. Importa também ter presente que o texto dessa citação da autoria de Roger Garaudy se encontra em um livro publicado na língua original do autor — o francês —, no decurso do ano de 1976, e, pois, oito anos após as ocorrências históricas de *maio de 1968*. A tradução dessa obra para a língua portuguesa foi realizada no Brasil no decurso do ano de 1978. No contexto dessas datas, importa estarmos atentos ao fato de que já se passaram 47 anos de quando o livro foi tornado público na língua original do autor, que é o francês, e 45 anos de quando ele foi traduzido para a língua portuguesa, no Brasil.

Não basta, pois, na prática do ensino, institucional ou não, estarmos atentos exclusivamente aos meios, às técnicas e à sofisticação dos recursos operacionais e tecnológicos que subsidiam a ação pedagógica. Os *meios* são necessários como mediadores no processo de construção dos resultados desejados. Contudo, torna-se premente que, na prática educativa em geral e em específico na prática do ensino institucional, estejamos atentos, em primeiro lugar, aos *fins* de nossa ação e, pois, atentos aos valores que orientam a educação em geral e, em específico, orientam nossa prática pedagógica escolar e universitária.

Os *meios* são mediadores importantes e necessitam ser selecionados tendo em vista o atendimento dos *fins* desejados. A eficiência é fundamental, mas uma eficiência que nos auxilie a dar conta de uma vida saudável para todos, tomados tanto sob a perspectiva individual quanto sob a perspectiva coletiva.

Em consequência dessa compreensão, em nossa atividade profissional na área do ensino institucional, importa que nossos atos de planejar, de executar e de avaliar ganhem a dimensão de decisões ao mesmo tempo filosófica, social, política, científica e técnica. É preciso que, nesse contexto, nos sirvamos dos recursos originários da ciência e da técnica sempre articulados com as compreensões filosóficas, sociais e políticas que constituem o pano de fundo norteador da nossa prática educativa.

Com esses cuidados, os atos de planejar, realizar o ensino e avaliar a aprendizagem dos nossos estudantes ganharão a dimensão de decisões a respeito da formação do ser humano, tendo em vista a construção de um futuro favorável a todos.

Nessa perspectiva, importa ter presente que o ato de planejar, ao lado de definir os recursos técnicos para a ação, deve previamente dimensionar, de forma clara e precisa, os propósitos que temos para nosso modo de agir e de viver. Propósitos que — no caso dos atos educativos institucionais — redundam na orientação para nossa prática cotidiana de ensinar, seja no espaço escolar, seja no espaço universitário.

Nesse contexto, é importante estarmos atentos a auxiliar nossos estudantes a manterem, simultaneamente, um olhar voltado tanto para o passado, como para o presente e também para o futuro. O olhar voltado para o passado subsidiará a nós e aos nossos estudantes reconhecermos como foi, ao longo do tempo, a vida individual, social, política e científica, fator que, por sua vez, juntamente à atenção voltada para o presente e para o futuro, nos possibilita estabelecer os fundamentos que subsidiem nossas escolhas e decisões relativas ao nosso modo de agir, cujos resultados garantirão nossa vida no presente como base para nossa vida no futuro.

Importa, pois, a nós educadores e aos nossos estudantes reconhecermos tanto as necessidades do presente, como também as necessidades emergentes do presente para o futuro. Reconhecimentos fundamentais para nossas decisões relativas ao nosso modo de viver e de agir em geral, como também reconhecimentos fundamentais para o nosso modo pedagógico de atuar.

Em síntese, importa que as dimensões filosófica, social, política e científica subsidiem nossa prática educativa em geral, e, de modo simultâneo, nossa prática educativa institucional. A compreensão e a assunção do presente em função do futuro exigem, no que se refere à prática pedagógica, que tenhamos esses fatores — filosóficos, sociais, políticos e científicos — constantemente presentes em nossos atos de planejar e de executar o ensino, como de praticar a investigação avaliativa da aprendizagem de nossos estudantes.

Roger Garaudy, no texto anteriormente citado, lembrou-nos de que "[...] a função primordial da educação já não pode ser adaptar a criança [ou quem quer que seja] a uma ordem existente, fazendo com que assimile os conhecimentos e o saber destinados a inseri-la em tal ordem, como procederam gerações anteriores, mas, ao contrário, ajudá-la a viver [em] um mundo que se transforma em ritmo sem precedente histórico, tornando-a, assim, capaz de criar o futuro e de inventar possibilidades inéditas".

Eis nossa tarefa, seja em nossa família, seja no meio social no qual vivemos, seja nas instituições educativas nas quais atuamos como profissionais do ensino.

3. PLANEJAMENTO, EXECUÇÃO E AVALIAÇÃO: UMA SÍNTESE

Em síntese, o planejamento é o ato pelo qual configuramos de maneira filosófica, política, científica e operacional aquilo que desejamos construir com nossa ação; a execução é o ato através do qual realizamos as decisões previamente tomadas; e, finalmente, a avaliação é o ato que nos possibilita a identificação da qualidade dos resultados da ação executada, subsidiando nossas decisões, seja para acolher a realidade com a qualidade obtida, seja para subsidiar novas decisões.

O ato de planejar faz com que nosso olhar se volte para o futuro, tendo em vista definir nossos desejos e o modo de transformá-los em realidade; o ato de executar tem por objetivo traduzir nossos sonhos e desejos em realidade; e o ato de avaliar é o parceiro a nos avisar se estamos com nossa ação produzindo os resultados desejados, seja para confirmar sua qualidade positiva, seja para nos sinalizar a necessidade de mais investimentos.

Afinal, planejar, executar e avaliar são atos parceiros do gestor de uma ação em geral, assim como do professor em sua ação de ensinar institucionalmente, tendo em vista investimentos conscientes e consistentes na busca dos resultados desejados.

CAPÍTULO 2
FUNDAMENTOS TEÓRICOS PARA A PRÁTICA DO ENSINO INSTITUCIONAL

No capítulo anterior, investimos na compreensão da necessidade de um ponto de partida filosófico, sociológico, político que possa dar direção teórica ao planejamento, à execução e à avaliação da aprendizagem em nossas instituições de ensino. Esses âmbitos de conhecimentos permitem-nos — entre múltiplas outras possibilidades — compreender e escolher os caminhos axiológicos que nos orientem em nosso agir.

No presente capítulo, estabeleceremos um suporte teórico para nós que atuamos nas atividades de ensino, assim como para nossos estudantes em sua atividade de aprender no espaço de nossas escolas e universidades.

1. O PROCESSO FORMATIVO DO SER HUMANO COMO BASE PARA A AÇÃO PEDAGÓGICA INSTITUCIONAL

Iniciaremos pela compreensão de uma Proposta Pedagógica Construtiva. O ser humano é um ser em desenvolvimento integral, fator que, no exercício da prática educativa, implica ter presente sua constituição biopsicoespiritual[1] que opera como um todo em movimento. Para efeito didático, levaremos em consideração, de modo específico, cada um dos variados componentes físicos, fisiológicos, psicológicos e espirituais do ser humano, porém, sempre com a consciência de que eles se manifestam em nossa vida como um todo orgânico e vital.

1.1. O ser humano como ser uno

Identificar e nominar cada um dos múltiplos componentes constitutivos de cada um de nós — corpo físico, psique, estrutura neurológica, experiências criativas, experiências espirituais, entre outros — é útil para nossa compreensão conceitual de nós mesmos como seres humanos, todavia, importa ter presente que somos *uno* em nosso ser como um todo vital em funcionamento constante. A identificação dos nossos componentes biológicos, neurológicos, psicológicos, sociais, econômicos, culturais, espirituais, entre outros, expressa as demarcações epistemológicas que estabelecemos para facilitar nossa compreensão do ser humano em geral e de nós mesmos através de nossas múltiplas facetas.

Por uma necessidade cognitiva própria do nosso sistema nervoso, que, no processo de conhecer, atua através do princípio lógico de identidade[2], os conceitos formulados a respeito de nós mesmos e

---

1. O termo "espiritual", aqui utilizado, não significa "religioso". A característica espiritual está sendo assumida como uma qualidade constitutiva do ser humano e, por isso, universal; uma dimensão não material. Para bem compreender a afirmação expressa nessa frase, importa estarmos cientes da distinção entre "espiritual" e "religioso". No caso, enquanto o fator espiritual está sendo tomado como constitutivo da experiência humana, o fator religioso está sendo considerado como espaço de uma escolha no decurso da vida. Desse modo, no contexto das considerações conceituais das quais estamos nos servindo, importa manter a distinção entre "espiritual" e "religioso".

2. O "princípio lógico de identidade" foi formulado por Aristóteles no decurso do século IV a.C. Esse princípio afirma que, cognitivamente, importa que 'A' (um objeto de conhecimento) seja sempre tomado como 'A', ou seja, nas variadas circunstâncias nas quais se apresente, ele

dos fenômenos do mundo no qual vivemos representam abordagens específicas. Porém, por si, a vida se expressa como um todo complexo em movimento, integrando simultaneamente todos os seus elementos constitutivos.

Assumindo essa compreensão, entendemos que a vida se manifesta em cada um de nós através de nossa dimensão biológica, espaço no qual se expressam de modo integrado todos os fatores que nos constituem, fatores biológicos, psicológicos, culturais, espirituais e outros mais.

À medida que vivemos no plano físico, nossas qualidades se manifestam *em* e *através* do nosso corpo biológico, no qual, entre outros fatores, manifestam-se a vida, a inteligência, nossas emoções, nossos sentimentos, a espiritualidade, nossas crenças, ainda que parte dessas manifestações não seja corpórea.

1.2. Bases para uma concepção pedagógica construtiva

Tendo como pano de fundo teórico a compreensão exposta no tópico anterior do presente capítulo, denominaremos de *construtiva* a concepção de educação que esboçaremos a seguir. Para essa tarefa, iremos nos servir de abordagens propostas e praticadas por David Boadella[3], educador e psicoterapeuta inglês, criador da área de conhecimento denominada Biossíntese, que, segundo sua compreensão,

---

será sempre equivalente a si mesmo. O princípio de identidade, para sua operatividade, exige que um objeto de estudo, ainda que em momentos diversos do tempo e em diversos espaços geográficos, seja tomado sempre sob a mesma ótica cognitiva, desde que a mudança de ótica de abordagem de um objeto de conhecimento produza sua compreensão também de modo diverso.

3. David Boadella foi um educador e psicoterapeuta inglês, criador da Biossíntese, que é uma área de conhecimentos e de práticas psicoterapêuticas psicossomáticas, cuja denominação surgiu a partir de 1975. No Brasil, temos dois livros traduzidos de sua autoria: *Nos caminhos de Reich*, Summus Editorial, São Paulo, ano de 1985; e *Correntes da vida: uma introdução à Biossíntese*, também publicado pela Summus Editorial, no ano de 1992. David Boadella faleceu recentemente, em 19 de novembro de 2021, aos 90 anos de idade (1931-2021).

significa *integração da vida*. A denominação *Biossíntese* explicita o desejo e a possibilidade de que todas as experiências que vivenciamos se integrem em um todo em nossa vida. Um todo que se expressa como uma síntese da vida, propriamente, uma *bio-síntese*.

Caso assumamos, de modo isolado, uma ou outra das facetas do ser humano — ainda que essa conduta seja necessária e útil do ponto de vista lógico e cognitivo —, não estaremos expressando a vida na sua integridade e no seu movimento essencial. Porém, caso assumamos nossa experiência como *integração da vida*, o conjunto dos elementos componentes de cada um de nós se manifestará como um todo *em* e *através* do nosso corpo. Em função dessa compreensão, tomaremos como parâmetro de nossa abordagem pedagógica o ponto de partida da embriologia, como propõe David Boadella através da Biossíntese[4].

Na dimensão física, como seres humanos, somos concebidos, desenvolvemo-nos e vivemos no espaço e no tempo, integrando em nosso corpo e em nosso ser o conjunto de todos os nossos elementos constitutivos.

Nesse contexto, o útero materno foi o primeiro espaço na experiência de vida de cada um de nós. Nele, nos aninhamos, resultantes da união de um óvulo e de um espermatozoide — presenças simultâneas de nossa mãe e de nosso pai. Constituímo-nos, inicialmente, como um ser unicelular, e, imediatamente, na dimensão do tempo, por um movimento interno denominado *motilidade*, essa célula inicial — nosso ser no seu ponto de partida — multiplicou-se de maneira espantosa, dobrando sucessivamente em quantidade, passando de uma para duas, de duas para quatro, de quatro para oito, e, na sequência, para dezesseis, trinta e duas, sessenta e quatro, cento e vinte

---

4. Para as formulações que se seguem no presente capítulo, utilizar-nos-emos dos entendimentos de David Boadella somados às compreensões de Stanley Keleman, incorporadas à Biossíntese pelo próprio Boadella. Stanley Keleman é norte-americano e formulador da Psicologia Formativa. Ele tem alguns livros traduzidos e publicados no Brasil pela Summus Editorial. Utilizaremos, em especial, sua obra *Anatomia emocional*.

oito, duzentos e cinquenta e seis, e assim por diante. Isso ocorreu em nossa constituição e continuará ocorrendo na constituição de cada ser humano que se dá e se dará no espaço do planeta Terra.

À medida que nossas células constitutivas se multiplicaram, seguiram criando as camadas embrionárias — *endoderma, mesoderma* e *ectoderma* — que, no decurso da gravidez materna da qual nascemos, dobraram-se sobre si mesmas, transformando-se nos diversos órgãos e nos diversos sistemas de órgãos que nos constituíram e nos constituem, os sistemas ósseo, muscular, nervoso, digestivo, linfático, entre outros.

No vigésimo dia após a concepção, nosso coração iniciou a bater e, através do bombeamento sanguíneo, deu vigor à trajetória existencial de cada um de nós, seres humanos, cujos batimentos cardíacos prosseguirão se processando no decurso dos dias da vida de cada um de nós.

Nos três primeiros meses da gravidez da qual nós nascemos, através da *motilidade*, nós nos constituímos como um embrião, e, a partir do terceiro mês, nós nos apresentamos como um feto. No período embriológico, que vai da concepção ao terceiro mês da gravidez, nós nos constituímos através dos órgãos nascentes, e, no período fetal, que vai do terceiro ao nono mês do mesmo processo de gravidez, nós nos aperfeiçoamos em nosso ser, a fim de que pudéssemos nascer como bebês portadores de todos os componentes físico-biológicos necessários para levarmos nossa vida à frente.

Simultaneamente ao movimento interno constitutivo do nosso ser, expresso pela *motilidade*, ocorreu o movimento externo-muscular, denominado *mobilidade*, pelo qual nós nos movemos, garantindo nosso agir, nossa aprendizagem e o nosso desenvolvimento.

Ambos os movimentos — *motilidade* e *mobilidade* — são constitutivos do ser de cada um de nós, como constitutivos de cada ser humano que nasceu e que nasce no planeta Terra. Motilidade e mobilidade são movimentos internos, biopsicológicos, que nos constituíram no espaço do ventre de nossas mães, nosso primeiro espaço de vida, a partir do qual seguimos pela vida afora.

1.3. Camadas embrionárias constitutivas do ser humano

Após a concepção de cada um de nós no seio de nossa mãe, nossas células, através do seu movimento próprio, seguiram multiplicando-se e, desse modo, estruturando nossas camadas germinativas — *endoderma, mesoderma* e *ectoderma* — que, dobrando-se sobre si mesmas, deram forma aos tubos que, com o passar do tempo, transformaram-se nos sistemas biológicos que nos constituem em nosso ser, os sistemas nervoso, digestivo, circulatório, respiratório, ósseo.

Na dinâmica constitutiva de cada um de nós, o endoderma foi o responsável pelas nossas partes moles e mais sensíveis, nossas vísceras, onde se fizeram e se fazem presentes nossos sentimentos e nossas emoções; o mesoderma foi o responsável pela constituição do nosso esqueleto e da nossa musculatura, nossos recursos de sustentação e locomoção; e, finalmente, o ectoderma foi o responsável, através do sistema nervoso, pelos recursos que nos possibilitam as interações com o mundo que nos cerca, seja ele constituído por pessoas, pela cultura, assim como pela natureza.

Essas três camadas nasceram em equilíbrio, para que, juntas, nos constituíssem como um ser humano integral, garantindo-nos uma vida saudável, alegre e harmoniosa.

Importa observar, contudo, que, ao lado das experiências positivas relativas aos processos da gravidez, do nascimento, da sobrevivência e do desenvolvimento de cada um de nós, no decurso de nossas vidas, a partir de nossa concepção, podem ter ocorrido — e certamente ocorreram — eventuais experiências traumáticas com as possibilidades de gerar rupturas no equilíbrio entre nossas camadas germinativas, antes citadas. E, então, de modo simultâneo à ocorrência desses episódios, iniciamos a registrar em nosso corpo, sob a modalidade de memória corporal, os acontecimentos de nossa trajetória de vida, com suas variadas nuances positivas, como também as negativas.

Frente a isso, vale registrar que, quando necessário, diante das possíveis experiências negativas pelas quais passamos ao longo da vida, podemos investir e, de alguma forma, sempre investimos na restauração do equilíbrio entre os órgãos que nos constituem a partir de nossas camadas germinativas, às vezes, por compensação, outras vezes, por harmonização, o que é mais adequado. Nosso corpo, afinal, como nos lembrou Wilhelm Reich, por meio de seus escritos[5], expressa nossa história de vida.

Através desse processo de rupturas e reintegrações ao longo do tempo de nossas vidas, nós nos constituímos e nos formamos em nosso ser e em nosso modo de estar no mundo. No nosso percurso de vida, ocorreram tanto nossa constituição física como também nossa formação pessoal e social.

No percurso de nossas vidas no espaço e no tempo, nós nos constituímos por meio de um movimento interno de nosso corpo, pelo amadurecimento de nossa psique, como também através de nossas aprendizagens e de nosso consequente modo de viver. Afinal, nós nos constituímos ao longo do tempo através de nossos naturais processos biopsicológicos, assim como mediante nossas interações cognitivas, afetivas e psicomotoras com o espaço físico e sociocultural no qual nascemos e vivemos; afinal, nossas aprendizagens.

As camadas embrionárias que atuaram em nossa constituição no período da vida intrauterina e que possibilitaram a constituição de nossos órgãos permitem-nos compreender que havia — e que há — um caminho a ser percorrido por cada um de nós no decurso de nossas

---

5. Wilhelm Reich, nascido em 1897 e falecido em 1957, foi um psiquiatra e psicanalista austríaco, autor de múltiplos livros, entre eles, *Análise do caráter*, *A função do orgasmo* e *Psicologia de massas do fascismo*. Seus entendimentos teóricos estão na base da Bioenergética criada e desenvolvida por Alexandre Lowen.

vidas. Somado à nossa constituição biológica, somos seres aprendentes. As aprendizagens são fatores que nos subsidiam em nosso caminhar pela vida, como também subsidiam observar o mundo que nos cerca, compreendendo-o, fator que nos possibilita usufruir dos seus recursos e benesses. Afinal, compreender como fomos constituídos — biológica e existencialmente — subsidia-nos a estabelecer modos de ser e de agir que garantem a nós e aos nossos pares uma vida saudável.

1.4. A continência materna e paterna para nossa constituição

Todos nós fomos concebidos dentro de um espaço, que é o útero de nossa mãe, o útero materno. O papel da mãe, na vida de cada um de nós, foi abrir espaço. Primeiro, abriu espaço em seu ventre, depois em seus braços e em seu colo; a seguir, abriu espaço no meio ambiente, dando suporte para os nossos primeiros passos na vida; e, na sequência, abriu espaço para os grupos de nossos amiguinhos, para a escola que frequentamos, para nossa vida de adolescente, para o mundo. Desse modo, os cuidados maternos abriram espaço e garantiram suporte para nosso desenvolvimento, nosso modo de ser e viver. Papel equivalente deu-se, dá-se e se dará na vida de cada ser humano no planeta Terra onde nascemos, crescemos e vivemos.

De modo não menos importante, o pai tem o seu papel no processo de nossa constituição e formação: de início, ofereceu o espermatozoide, célula que, junto ao óvulo materno, deu início ao nosso ser e à nossa vida. E, ainda, no decurso da vida, ofereceu sustentação à nossa mãe, para que ela, por sua vez, pudesse sustentar-nos como filhos de ambos. E, claro, nosso pai ofereceu-nos sua sustentação paterna amorosa e construtiva[6].

---

6. Em decorrência de variados fatores psicológicos e sociais, que não cabe abordar no presente estudo, ocorreram e ocorrem separações entre pais e mães, fator que atua na formação dos

1.5. Espaço e tempo como condições necessárias para o nosso desenvolvimento como seres humanos

Para que o ser humano se constitua e se desenvolva, somado ao fator espaço, antes referido, há necessidade do fator tempo. Não existe gravidez de dois ou de três meses no âmbito humano. Uma gravidez regular tem a duração de nove meses. Alguns bebês, tendo nascido aos seis meses de gravidez ou um pouco mais que isso, sobreviveram com o auxílio de cuidados médicos, hospitalares, e, sobretudo, em decorrência dos cuidados maternos e paternos e, desse modo, puderam seguir pela vida afora.

Tanto na gravidez como em tudo o que ocorre na vida do ser humano, há necessidade da duração, e, pois, do tempo para sua constituição e realização. Todos os nossos processos formativos demandaram e demandam a duração. Na vida, nada se dá *ex abrupto*. No caso do ser humano — afinal, no nosso caso —, há a necessidade de um tempo formativo, que se inicia com a concepção no seio materno.

Assim, o ser humano é um ser vivo que se dá no espaço e no tempo e, pois, um ser em desenvolvimento por intermédio da sua interação com o meio no qual vive no decurso do tempo. É nesse contexto que nós seres humanos nos constituímos, nos formamos, nos compreendemos e levamos a vida à frente.

No espaço-tempo, manifestamos nossas qualidades mais densas, como também as mais sutis. Como seres humanos, para nascermos, necessitamos do espaço e do tempo; para sermos infantes, necessitamos do espaço e do tempo; para sermos jovens, necessitamos do espaço e do tempo; para sermos adultos, necessitamos do espaço e do tempo; para sermos idosos, necessitaremos do espaço e do tempo. Espaço e tempo

---

filhos e das filhas, nascidos, nascidas desses casais, que exigirão cuidados psicológicos, sociais, financeiros, tendo em vista garantir suporte para que cada um possa realizar seu caminhar pela vida. O mesmo deve ocorrer em relação aos seres humanos que chegaram ao planeta Terra, mas que não foram cuidados e criados diretamente por seus pais biológicos.

são duas condições necessárias para nossa constituição, nosso desenvolvimento e nossa sobrevivência nesta experiência de vida no mundo físico.

Espaço e tempo são condições essenciais para nossa existência e, em consequência, no caso da prática educativa institucional, para o ensino e para a aprendizagem, experiências pelas quais passamos tanto na vida escolar como na vida universitária.

2. ENSINO E APRENDIZAGEM DOS CONTEÚDOS ESCOLARES E UNIVERSITÁRIOS NO PROCESSO FORMATIVO DOS ESTUDANTES

2.1. O ensino como recurso subsidiário da aprendizagem e consequente desenvolvimento de nossos estudantes

No contexto exposto no decurso do presente capítulo, os conteúdos escolares e universitários componentes das diversas áreas de conhecimento são facetas de compreensão da vida vivida no espaço e no tempo. Crianças, adolescentes, adultos e idosos, para aprender e, em consequência, se desenvolver, necessitam de espaço seguro e de tempo satisfatório.

E, nesse contexto, nós educadores, como profissionais atuantes nas instituições de ensino, necessitamos garantir a sala de aula como um espaço seguro e confortável, no qual nossos estudantes dos níveis escolar e universitário possam ser acolhidos de maneira adequada e satisfatória, tendo em vista processar sua aprendizagem e seu consequente desenvolvimento em direção à autodeterminação.

Aprendemos em Didática que, ao fazermos o planejamento do ensino, devemos formular objetivos e estabelecer as atividades necessárias, tendo em vista subsidiar os atos profissionais de ensinar e, simultaneamente, os atos de aprender por parte dos nossos estudantes.

Deseja-se que, em conformidade com o ensino planejado, ao final de uma aula ou de um conjunto de aulas, os estudantes tenham adquirido o domínio dos conteúdos propostos para sua aprendizagem — conhecimentos, habilidades e condutas — e, de modo consequente, para o seu desenvolvimento.

Diante disso, importa garantir aos nossos estudantes espaço acolhedor e nutritivo, somado ao tempo necessário e satisfatório para as atividades de receber, processar e assimilar as informações e os conhecimentos curricularmente estabelecidos como recursos importantes para sua aprendizagem, cuja consequência é seu desenvolvimento e formação.

2.2. Princípios básicos e necessários a serem levados em consideração na prática de ensino

David Boadella, autor anteriormente citado, em seu livro *Correntes da vida*, definiu que são dois os princípios que dão forma à prática psicoterapêutica em Biossíntese, e nós acrescentamos que, de modo equivalente, eles subsidiam metodologicamente uma prática educativa que se proponha ser eficiente e significativa. São eles: o princípio formativo e o princípio organizativo.

A respeito do princípio formativo, Boadella afirmou que:

> A emergência de altos níveis de organização a partir de níveis mais baixos é uma lei natural básica de um sistema aberto. O princípio da autocura, a alma da [psico]terapia, é uma expressão dessa lei[7].
> [E acrescentamos: o princípio da aprendizagem, a alma do ensino, é uma expressão dessa mesma lei.]

Nos variados contextos cognitivos e psicológicos do ser humano, as experiências seguem na direção, exposta por Boadella, que vai do simples para o complexo. Importa, pois, que nas atividades

---

7. A presente citação, assim como as duas subsequentes, são da autoria de David Boadella e encontram-se em seu livro *Correntes da vida: uma introdução à Biossíntese*, São Paulo: Summus Editorial, 1992. p. 10-11.

pedagógicas de ensino, tanto no âmbito escolar como no universitário, os atos de ensinar e aprender sejam praticados com cuidados semelhantes aos cuidados sinalizados por ele para a psicoterapia, possibilitando que nossos estudantes se formem através do movimento de aprender e da sua consequente organização interna que segue na direção do simples para o complexo. O ser humano não é dado pronto, ele cresce, desenvolve-se e se forma. Para isso, importa nossos cuidados de adultos, seja na condição de pais, seja na condição de profissionais no âmbito da educação institucional, seja no espaço de outra área profissional que atue com seres humanos.

Quanto ao princípio organizativo que expressa a importância da ambiência teórico-prática na qual a personalidade de cada um de nós se constitui, Boadella expressou:

> O processo formativo deve ser potencializado por condições apropriadas. Sem isso, a auto-organização não acontece. Para ter um desenvolvimento saudável, a criança precisa da presença de pais com os quais mantenha um contato constante, capaz de gerar o 'organizador biológico' (Mahler[8]), necessário a um crescimento normal.

E, na sequência desse referido texto, o autor acrescentou:

> No processo de transformação de padrões de sentimentos e expressões que estão bloqueados [na vida de alguém], o elemento mais importante é a receptividade viva do outro ser humano. [...] A ressonância somática das mãos, da voz e da presença do [psico]terapeuta [como também do educador] é o campo organizacional no qual ocorre o processo formativo de reintegração do corpo, da mente e do espírito.

A "receptividade viva" do outro ser humano é a conduta necessária tanto para o psicoterapeuta como para o educador em seus

---

8. O autor, nessa oportunidade, refere-se a Margareth Mahler, estudiosa do desenvolvimento infantil.

respectivos papéis profissionais. Ambos — psicoterapeuta e educador — necessitam estar conscientes de que seus papéis profissionais atuam, respectivamente, no cliente e no estudante.

No caso da psicoterapia, o profissional atua na organização do campo da energia e no modo de ser do cliente, tendo em vista seu equilíbrio psicológico e social e, no caso do ensino, o educador atua no campo da aprendizagem e no modo de ser de cada estudante, criando as condições para o seu consequente desenvolvimento como ser humano nas diversas fases da vida.

3. A PRÁTICA DOCENTE

No contexto anteriormente exposto, como educadores escolares e universitários, necessitamos oferecer continência aos nossos estudantes no seu processo de aprendizagem e em seu consequente processo de desenvolvimento; processos tomados tanto sob a ótica individual como sob a ótica coletiva.

Os estudantes se desenvolvem e, para isso, necessitam de um espaço acolhedor e seguro, assim como de orientação e de tempo satisfatórios para processar as aprendizagens que os conduzam ao seu desenvolvimento.

Dentro desta perspectiva, nós educadores precisamos, profissionalmente dentro do nosso âmbito de atuação, garantir o espaço e o tempo necessários para que nossos estudantes aprendam e, em consequência, se desenvolvam e se formem. Nosso papel como educadores é acolher, nutrir e sustentar psicológica e cognitivamente os estudantes colocados sob nossa responsabilidade, a fim de que aprendam e, em decorrência, desenvolvam-se.

Propriamente, na ambiência da prática pedagógica institucional, como educadores, necessitamos assumir o papel profissional de um adulto que sustenta as condições do ato de ensinar, a fim de que nossos estudantes façam o seu caminho de aprendizagem e, em consequência, de seu desenvolvimento.

Uma Pedagogia que se proponha ser construtiva deve assumir, orientar e sustentar uma prática de ensino que tenha como base a compreensão teórica de que nossos estudantes estão em movimento de autoconstrução. Frente a isso, importa que nós educadores proponhamos e sustentemos recursos que os auxiliem em seu movimento de formação e de crescimento em direção à maturidade.

Como humanos, somos seres em construção e em autoconstrução pela vida afora. Iniciamos nossa trajetória de constituição e formação no seio de nossa mãe e seguimos pela vida. Fenomenologia que, inicialmente, deu-se com o suporte e a sustentação de nossa mãe e de nosso pai no seio de nossa família e, de modo subsequente, com o suporte de nossos parentes, de nossos amigos e, sem sombra de dúvidas, de nossos educadores escolares e universitários.

Na prática educativa institucional, como em outras práticas educativas, importa que nós educadores compreendamos a fenomenologia abordada no presente capítulo e façamos dela uma pauta a orientar nossas atividades pedagógicas em geral e, em especial, em nossas salas de aulas.

CONCLUINDO

Diante disso, importa a nós que atuamos no ensino estarmos atentos à fenomenologia do espaço e do tempo, à medida que atuam em nossa constituição, como na constituição de todos os seres humanos. A consciência dessa fenomenologia ajuda-nos a compreender a vida e, desse modo, viver de uma forma mais saudável e satisfatória para nós mesmos e para todos os seres humanos. No caso da educação institucional, a consciência dessa fenomenologia nos subsidia a melhor compreender e melhor cuidar dos nossos estudantes em suas aprendizagens, cuja consequência está comprometida com seu desenvolvimento.

PARTE II

O EXERCÍCIO DO ATO DE ENSINAR
planejar, executar, avaliar

INTRODUÇÃO À PARTE II

A Parte II deste livro está constituída por abordagens teórico-práticas sobre os atos de planejar, executar e avaliar nas atividades de ensino-aprendizagem, tanto no âmbito do Ensino Básico como no âmbito do Ensino Universitário. Retomamos, a seguir, considerações postadas na Introdução Geral da presente publicação, abrindo-nos para a compreensão dos três atos pedagógicos relativos ao exercício do ato de ensinar.

Planejar é um ato comprometido com o olhar do presente para o futuro, assim como com as proposições para o agir, tendo em vista produzir os resultados desejados. Na prática educativa escolar e universitária, o ato de planejar as atividade de ensino tem por objetivo traçar os caminhos da ação pedagógica a favor da aprendizagem de todos os estudantes.

Executar significa realizar o planejado, a fim de que os desejos traçados sejam efetivamente traduzidos em práticas e em consequentes resultados. Propriamente, o agir que, por si, está comprometido com a clareza das finalidades da ação, assim como com a busca e a utilização dos meios a serviço da obtenção dos resultados desejados.

Avaliar, por sua vez, significa investigar a qualidade da realidade com base em seus dados, subsidiando decisões necessárias e adequadas por parte do gestor da ação, tendo em vista a conquista dos resultados desejados-traçados no planejamento. No caso do ensino, a avaliação subsidia decisões por parte do educador a favor da aprendizagem e do desenvolvimento de todos os estudantes.

Capítulos componentes desta segunda parte do livro são:

Capítulo 3 — Planejamento do ensino: traçando o caminho para o ato pedagógico de ensinar

Capítulo 4 — O ato de ensinar e sua prática

Capítulo 5 — Uma introdução à fenomenologia do ato de avaliar a aprendizagem dos estudantes

Capítulo 6 — Compreensão teórica do ato de avaliar a aprendizagem dos estudantes nas instituições de ensino

Capítulo 7 — Recursos metodológicos para a prática da avaliação da aprendizagem nas instituições de ensino

CAPÍTULO 3
PLANEJAMENTO DO ENSINO:
traçando o caminho para o
ato pedagógico de ensinar

Tomando por base as compreensões sistematizadas nos dois capítulos anteriores do presente livro a respeito do ato pedagógico no espaço educativo institucional, iremos nos dedicar, no capítulo que segue, a compreender e cuidar dos recursos para a prática do planejamento do ensino, propriamente do planejamento das aulas a serem ministradas aos nossos estudantes nos espaços escolares e universitários.

O ato de planejar, em si, está comprometido com a compreensão de que, previamente, podemos e devemos traçar os caminhos para a nossa ação com o objetivo de produzir os resultados desejados e com a qualidade desejada. O ato de planejar é um recurso de ordenamento prévio da nossa ação, cujo objetivo é a construção dos resultados positivos desejados.

No decurso do presente capítulo, dedicar-nos-emos à compreensão teórico-prática do ato de planejar o ensino, tendo em vista servirmo-nos de recursos que garantam a efetiva aprendizagem por parte dos estudantes com os quais atuamos sob os aspectos cognitivo, afetivo, psicomotor e, em consequência, seu efetivo desenvolvimento.

Iniciaremos por uma compreensão do ato de planejar a atividade pedagógica institucional, seguindo, na sequência do presente capítulo, por uma série de exemplos teórico-práticos que tratam do ato de planejar uma disciplina no espaço do ensino, e, de modo subsequente, do ato de planejar uma aula e, por fim, algumas considerações para o exercício do planejamento no âmbito da prática docente.

1. COMPREENDENDO O ATO DE PLANEJAR O ENSINO

Iniciemos por uma compreensão do termo planejar: "A palavra *planejar* vem do latim *planus*, que significa 'achatado, nivelado', que [por sua vez] tem a mesma etimologia que a palavra *planum*, que significa 'superfície lisa'. Ambas [as palavras latinas *planus* e *planum*] nos transmitem o sentido de organizar uma atividade em uma superfície, de [tal] forma que possamos enxergar seu objetivo sob uma perspectiva privilegiada"[1]. Planejar significa, pois, olhar para a frente — tanto no sentido espacial como no sentido temporal — e visualizar de modo explícito aquilo que desejamos conquistar com a ação que realizaremos.

Diante dessa compreensão do ato de planejar e tendo presentes os tratamentos realizados nos Capítulos 1 e 2 do presente livro, seguiremos na direção da compreensão de que, para o exercício do planejamento do ensino, importa, em primeiro lugar, termos presentes as compreensões filosóficas, pedagógicas e operacionais, das quais tratamos nos capítulos anteriores deste livro, que deverão orientar nossa ação pedagógica a ser realizada em nosso cotidiano de educadores institucionais, tanto no âmbito do ensino escolar como no âmbito do ensino universitário.

---

1. Informação transcrita de: https://administradores.com.br/artigos/planejamento-reflexao-sobre-o-processo-criativo. Acesso em: 6 set. 2023.

Todos nós nos orientamos por uma compreensão filosófica, seja ela estabelecida por meio do senso comum usual e cotidiano, seja através de um senso crítico intencionalmente estabelecido. Desse modo, todos nós temos uma filosofia como base para o nosso viver e nosso agir; afinal, a filosofia nos orienta em nosso cotidiano, como também ao longo de nossa existência. As compreensões filosóficas oferecem base epistemológica para nossas escolhas, assim como para nossos modos de viver e de agir.

No contexto do anteriormente exposto, importa sinalizar que, no exercício da prática do ensino institucional, devemos nos servir de uma compreensão filosófica assumida por meio do senso crítico que nos ofereça direção tanto ao nosso agir profissional, como ao nosso viver individual e coletivo.

Com essa compreensão a respeito do significado da filosofia e de seu papel em nossa vida, desejamos registrar aos leitores deste livro que não existe um planejamento para uma ação, seja ela qual for, sem uma filosofia que lhe dê uma direção axiológica.

Nos dois capítulos anteriores, procuramos expor uma compreensão filosófica, política e pedagógica a respeito do significado do ato de ensinar como um ponto de partida a ser assumido por todos nós, profissionais do ensino, tanto no ato de planejar como na realização do planejado através da prática docente em sala de aula, espaço de nossa atuação profissional cotidiana como professores.

As considerações expostas nos capítulos anteriores — Capítulos 1 e 2 — foram realizadas com a intenção de auxiliar a nós educadores institucionais a termos consciência da necessidade de assumirmos de modo explícito e decidido os rumos filosóficos, políticos e pedagógicos a serem seguidos, tanto no planejamento como na consequente prática pedagógica junto aos nossos estudantes nas salas de aula de nossas instituições de ensino.

Não há como planejar e executar adequadamente o ensino em nossas instituições escolares e universitárias, caso não tenhamos clareza a respeito da filosofia que sustenta e dá direção à nossa ação pedagógica cotidiana. Diante dessa compreensão, importa assumir conscientemente uma concepção filosófica — conforme expusemos nos Capítulos 1 e 2 — que dê direção ao nosso agir na prática de ensino.

Ao realizar o planejamento do ensino a ser praticado nas salas de aula em nossas instituições educativas, há necessidade de que, previamente, tenhamos clareza tanto a respeito do nosso ponto de partida, como a respeito de nosso ponto de chegada, no que se refere ao significado da aprendizagem dos nossos estudantes. Cabe a nós, educadores atuantes nas instituições de ensino, termos clareza a respeito da razão pela qual escolhemos agir da maneira que estabelecemos. Nossa ação educativa, ocorra ela de modo consciente ou de modo usual, estará sempre atrelada a compreensões filosóficas, políticas e pedagógicas. Importa, desse modo, termos clareza a respeito da orientação filosófica que subsidia — e subsidiará — nossa ação tanto em nosso cotidiano pessoal, como em nosso cotidiano profissional. Essa clareza teórica, em consequência, nos conduzirá a estarmos atentos aos conteúdos socioculturais a ensinar, como também à metodologia do ensino a ser utilizada.

A filosofia como "amiga da sabedoria" — etimologicamente, *filon*-amigo e *sofia*-sabedoria — nos subsidia tanto no estabelecimento dos pressupostos axiológicos que oferecem base e nos orientam em nossas escolhas e decisões, como em nosso modo de agir.

O ato pedagógico de planejar o ensino escolar e universitário é o meio pelo qual estabelecemos os objetivos da ação que desejamos realizar. Através desse ato, de um lado, traçamos teórica e operacionalmente os rumos da disciplina escolar ou universitária com a qual estaremos atuando, e, de outro, delinearemos nossos anseios e desejos filosóficos, sociais e políticos que orientarão nossa ação como profissionais da educação. Em síntese, para a atividade de planejar o ensino:

1. importa, antes de tudo, termos clareza a respeito dos rumos filosóficos, políticos e pedagógicos que nos orientarão na prática cotidiana do ensino em nossas instituições educativas.

2. a seguir, assentados nos fundamentos teóricos sinalizados no decurso dos capítulos deste livro, importa tomarmos o Programa de Ensino da instituição na qual estivermos atuando como educadores, e, na sequência, analisá-lo de modo consciente e crítico, para, a seguir, traduzi-lo no Plano da Disciplina com a qual iremos atuar no dia a dia de nossa prática educativa institucional.
3. e, então, assentados nas especificações sinalizadas, importa, de modo subsequente, termos clareza a respeito dos conteúdos e das metodologias que utilizaremos em cada uma das aulas que viermos a conduzir com nossos estudantes.
4. e, finalmente, tendo presentes as considerações anteriores, assumir explicitamente nosso plano de ação pedagógica com o objetivo de realizá-lo através de nossa atuação em sala de aula com os estudantes pelos quais somos responsáveis, educativa e pedagogicamente.

Em síntese, o ato pedagógico de planejar o ensino estabelece os rumos conscientes e precisos relativos à ação que desejamos realizar junto aos nossos estudantes no seio das instituições educativas nas quais atuamos. O planejamento do ensino estabelece, pois, o rumo para o nosso agir no cotidiano profissional em sala de aula.

2. PLANEJAMENTO DIDÁTICO DE UMA AULA TENDO EM VISTA O ENSINO EM NOSSAS INSTITUIÇÕES EDUCATIVAS

2.1. Configuração institucional dos conteúdos de uma disciplina

Em todas as instituições educativas, sejam elas da Pré-Escola, do Ensino Fundamental, Médio ou Superior, estão presentes:
1. as proposições do Currículo Institucional.
2. as especificações das Disciplinas componentes desse Currículo.

3. a definição dos conteúdos de cada uma das Disciplinas componentes do Currículo Escolar ou Universitário; afinal, a definição dos conteúdos a serem ensinados aos estudantes.
4. e, por fim, os Planos de Aula que devem guiar diretamente nossa ação pedagógica em sala de aula com estudantes que se encontram sob nossa responsabilidade pedagógica.

2.2. Exemplificando a proposição dos conteúdos de uma disciplina

Para exemplificar um modelo de planejamento de uma aula, na presente exposição, seguiremos da abordagem mais ampla para a mais específica, ou seja, seguiremos das proposições gerais dos conteúdos a serem ensinados em uma disciplina para a planificação específica da sua execução.

Com base nessa compreensão e aplicando-a ao ensino, iniciaremos pela apresentação de um Programa de Conteúdos para uma disciplina. No caso, servir-nos-emos de uma disciplina universitária — espaço de nossa atuação profissional[2] —, tendo como base conteúdos temáticos tratados no presente livro.

Após a proposta geral da disciplina, seguiremos para a indicação dos procedimentos próprios para a elaboração de um Plano de Aula. Com o objetivo de compreender e praticar o uso de um modelo de planejamento de uma aula, servir-nos-emos do conteúdo — Avaliação da aprendizagem escolar —, que está articulado com a temática tratada neste livro.

Nesse contexto de compreensão, como exemplo, segue um possível roteiro relativo aos conteúdos de estudos para uma disciplina universitária que, no caso, trata da fenomenologia da avaliação da aprendizagem.

---

2. Importa estarmos cientes de que eu — autor deste livro — atuei no ensino universitário até o ano de 2010, do qual me afastei em decorrência dos atos de aposentadoria.

DISCIPLINA UNIVERSITÁRIA
AVALIAÇÃO DA APRENDIZAGEM ESCOLAR

Público-alvo ao qual se destina o ensino da referida disciplina: Estudantes Universitários de Pedagogia e das Licenciaturas.

I. Configuração da Disciplina
1. Duração — 60 horas/aulas
2. Conteúdo a ser abordado

No decurso dos estudos da Disciplina Universitária acima especificada, os estudantes serão conduzidos a entrar em contato, estudar e a se apropriar de conteúdos da área de Avaliação da Aprendizagem no âmbito do ensino institucional, envolvendo compreensões conceituais, compreensões históricas dessa área de conhecimentos, assim como compreensões epistemológicas e práticas a respeito da fenomenologia do ato de avaliar a aprendizagem dos estudantes que, no caso das proposições da presente disciplina, são estudantes universitários.

II. Tópicos de conteúdo a serem abordados na Disciplina e respectivas cargas horárias

1. Compreensão epistemológica do ato de avaliar na vida humana em geral e na avaliação da aprendizagem (4 horas/aulas)
2. História das compreensões pedagógicas sobre avaliação da aprendizagem (32 horas/aulas)
    2.1. Pedagogias Tradicionais: Pedagogia Jesuítica, de John Amós Comênio, de Johann Herbart (12 horas/aulas)
    2.2. Pedagogias da Escola Nova: de John Dewey e de Maria Montessori (8 horas/aulas)
    2.3. Pedagogias Contemporâneas: de Ralph Tyler, de Benjamin Bloom, de Norman Gronlund (12 horas/aulas)
3. Proposições para a prática da avaliação da aprendizagem no Brasil (4 horas/aulas)
    3.1. Legislação Educacional no Brasil: visão histórica (2 horas/aulas)
    3.2. Lei de Diretrizes e Bases da Educação Nacional — LDB de 1996 (2 horas/aulas)
4. Distinção entre os atos de examinar e de avaliar a aprendizagem escolar e universitária (2 horas/aulas)

5. Articulação necessária entre avaliação da aprendizagem e Projeto Pedagógico (2 horas/aulas)
6. Avaliação da aprendizagem e as possibilidades de inclusão social dos estudantes através das instituições de ensino (4 horas/aulas)
7. O que é mesmo o ato de avaliar a aprendizagem nas instituições de ensino? (4 horas/aulas)
8. Recursos técnicos para uma prática construtiva de avaliação da aprendizagem nas instituições de ensino (8 horas/aulas)
9. Concluindo os estudos dessa Disciplina (4 horas/aulas)

III. Bibliografia
Observação — A Bibliografia que utilizaríamos nessa Disciplina seria aquela que se encontra ao final do presente livro.

2.3. Planejamento de uma aula no âmbito da disciplina — Avaliação da aprendizagem escolar

I. Roteiro geral de um plano de aula

Iniciemos pela apresentação de um roteiro composto por tópicos que, de modo usual, são levados em consideração nos procedimentos de planejamento de uma aula.

1. Nome do professor responsável pela aula — Especificar o nome do professor.
2. Estudantes aos quais se destina a aula — Especificar o nível de escolaridade dos estudantes a serem atendidos pela determinada aula planejada.
3. Conteúdo da aula — Especificar o conteúdo a ser abordado na aula que será executada.
4. Objetivo do ensino — O objetivo do ensino configura aquilo que se deseja alcançar com a ação pedagógica a ser executada. No caso, importa definir um objetivo geral e, a seguir, traduzi-lo através de objetivos específicos. Os objetivos traçados necessitam ser realistas e viáveis de serem conquistados no período de tempo estabelecido para o estudo da temática definida.

5. Duração da atividade — Definir o tempo para a abordagem do conteúdo estabelecido.
6. Metodologia a ser utilizada na atividade de ensino — Especificar a metodologia a ser utilizada na abordagem do conteúdo definido; metodologia que dependerá do tipo de ensino a ser praticado: aula expositiva, atividade de grupo, estudo de texto... A metodologia do ensino a ser utilizada em uma determinada aula dependerá do resultado que se deseja alcançar com a atividade.
7. Recursos didáticos a serem utilizados — Definição dos recursos didáticos a serem utilizados, tendo em vista a abordagem do conteúdo definido: exposição, material escrito, *tapes*, filmes... Afinal, os recursos a serem utilizados por parte do professor nos seus atos de ensinar, como também os recursos a serem usados pelos estudantes, tendo em vista sua aprendizagem.
8. Cronograma — Especificação do tempo necessário para a realização de cada uma das atividades propostas, seja para o ensino, seja para a aprendizagem dos estudantes.
9. Avaliação — Definir a modalidade de investigação a respeito da qualidade da aprendizagem dos estudantes, tendo em vista verificar se conseguiram se apropriar dos conteúdos propostos, se persistem dúvidas, assim como carências de compreensões. Prática que pode ser realizada, por exemplo, por meio de uma conversa com os estudantes, ou através de pequenos testes, ou ainda com a realização de uma tarefa para estudo fora do espaço da aula propriamente dita.
10. Referências bibliográficas — Especificar a bibliografia relativa ao tema que estará sendo abordado, como também a ser utilizada pelos estudantes, tendo em vista a efetiva posse das compreensões propostas para o ensino.

II. Aplicando o roteiro exposto no planejamento de uma aula: um exemplo

Tomando por base um tópico entre os indicados no Plano de Conteúdos da Disciplina, antes exemplificada, e servindo-nos dos passos epistemologicamente componentes de um Plano de Aula, também antes indicados, estabeleceremos um plano de aula específico para a abordagem do referido conteúdo.

PLANO DE AULA
CONTEÚDO: Compreensão epistemológica do ato de avaliar na vida humana em geral e na avaliação da aprendizagem.

1. Professor: (..........)
2. Público-alvo: Estudantes de Pedagogia, 5º semestre
3. Temática a ser trabalhada: Compreensão epistemológica do ato de avaliar na vida humana em geral e na avaliação da aprendizagem.
4. Objetivo: possibilitar aos estudantes a posse da compreensão epistemológica a respeito do ato de avaliar a aprendizagem dos estudantes.
5. Duração dos estudos, 4 horas/aulas:
   (a) uma hora e trinta minutos para exposição dialogada a respeito do conteúdo estabelecido para a aula;
   (b) trinta minutos de intervalo;
   (c) duas horas para aprofundamentos em grupo em torno do conteúdo abordado, incluindo uma avaliação final dialogada relativa à aprendizagem do conteúdo abordado.
6. Metodologia a ser utilizada no ensino:
   (a) exposição oral dialogada com os estudantes;
   (b) uma atividade em grupo, com apresentação a respeito das conclusões de cada um dos grupos;
   (c) considerações avaliativas finais.
7. Recursos didáticos a serem utilizados:
   (a) exposição dialogada no primeiro período de aula, com o uso de *slides* na atividade expositiva;
   (b) um pequeno texto sobre a temática a ser lido e dialogado entre os participantes em pequenos grupos no decurso do segundo período de aula;
   (c) e, finalmente, quinze minutos de conversa avaliativa com os estudantes.
8. Cronograma:
   (a) uma hora e meia para exposição dialogada sobre o conteúdo da aula;
   (b) intervalo de trinta minutos;
   (c) uma hora e quinze minutos para atividade em pequenos grupos, tendo em vista estudar um pequeno texto a respeito da temática

proposta, assim como diálogo com todos os participantes da turma de alunos a respeito das compreensões estabelecidas;
(d) quinze minutos para diálogo avaliativo *com* e *entre* os estudantes, tendo em vista verificar sucintamente a apropriação dos conteúdos, assim como possíveis dúvidas emergentes relativas às abordagens realizadas.

III. Um esquema para a abordagem do conteúdo a ser ensinado tendo em vista uma aula expositiva seguida de um estudo em grupo

A — Exposição: roteiro dos conteúdos a serem expostos
Conteúdo a ser abordado — Compreensão epistemológica do ato de avaliar na vida humana em geral e na avaliação da aprendizagem (4 horas/aulas).
1. Expor e dialogar com os estudantes a respeito do ato de avaliar como um ato constitutivo do ser humano em seu modo de ser e agir.
2. Três atos universalmente praticados por todos os seres humanos que vivem no planeta Terra:
   2.1. Conhecer o que é a realidade e como ela funciona, tanto através do conhecimento do senso comum como do conhecimento científico;
   2.2. Conhecer a qualidade da realidade sob variadas óticas, como da arte, da literatura, da ética, da estética... Afinal, a qualidade atribuída à realidade;
   2.3. Com base no conhecimento do que é e de como funciona a realidade, assim como com base no conhecimento da sua qualidade, o ser humano escolhe e toma decisões;
   2.4. Articulação entre a avaliação como um dos três atos universais praticados pelo ser humano e a avaliação da aprendizagem dos estudantes.
3. Compreender o ato de avaliar a aprendizagem dos estudantes como uma investigação da qualidade da sua aprendizagem, fator subsidiário para uma tomada de decisão:

3.1. Cuidados necessários na construção de um recurso de coleta de dados para a avaliação da aprendizagem:
 3.1.1. estabelecer um mapa dos conteúdos essenciais a serem avaliados;
 3.1.2. utilização da linguagem simples e compreensível na interlocução com os estudantes;
 3.1.3. ter sempre presente a importância da compatibilidade entre ensinado e aprendido em termos de conteúdos, assim como de habilidades;
 3.1.4. utilizar a precisão como recurso fundamental na formulação das questões a serem propostas aos estudantes.
3.2. Reprodução dos instrumentos de coleta de dados, aplicação, correção das respostas e reorientação da aprendizagem, caso isso se manifeste necessário.
4. O ato de avaliar as aprendizagens dos estudantes é um ato parceiro tanto do professor como dos estudantes, que subsidia decisões cujo objetivo é garantir aprendizagens satisfatórias.

B — Atividade em grupo pós-exposição
1. Em grupo, os estudantes lerão e dialogarão sobre o texto "Avaliação da aprendizagem escolar" e, ao final, apresentarão uma síntese das compreensões estabelecidas.
2. Após os estudos em grupo, proceder a uma avaliação da atividade, assim como da aprendizagem dos conteúdos estudados, e da convivência entre estudantes e entre estudantes e professor.

3. CONSIDERAÇÕES FINAIS SOBRE O PLANEJAMENTO DE UMA AULA

O planejamento — como expressa a etimologia do termo, registrada no início do presente capítulo — estabelece a linha de ação do agente com o olhar voltado para o futuro. No caso do professor, tendo em vista a prática do ensino e, em consequência, a aprendizagem dos estudantes, o plano de aula traça o roteiro a ser seguido no decurso de uma ou de várias atividades pedagógicas previamente definidas, como vimos nos exemplos utilizados no item anterior do presente capítulo.

O ato de planejar uma aula, cujo objetivo é traçar o rumo das atividades a serem realizadas no decurso de uma determinada atividade de ensino escolar ou universitário, compromete por parte do professor tanto seus conhecimentos relativos ao conteúdo específico a ser ensinado e aprendido, como também compromete sua determinação de ensinar e garantir que seus estudantes aprendam os conteúdos propostos e, em consequência, se desenvolvam como seres humanos saudáveis.

O ato de planejar uma aula é um ato parceiro do professor no processo de traçar os caminhos para sua ação pedagógica de ensinar. Ele configura o rumo a ser seguido e este depende da filosofia que lhe dará direção. O ato de planejar processa a mediação entre os desejos — assumidos filosófica e culturalmente — e a prática cotidiana do ensinar por parte do professor e do aprender por parte dos estudantes. Daí sua importância na atividade docente. O planejamento de uma disciplina escolar ou universitária, assim como o planejamento de uma aula, é o recurso mediador que subsidia a direção prática do ato de ensinar em nossas instituições de ensino.

Diante disso, vale ter presente a importância do ato de planejar na prática de ensino à medida que ele configura a mediação a ser praticada junto aos estudantes, tendo em vista traduzir em realidade nossos desejos filosóficos, sociais, políticos e pedagógicos.

O capítulo que estamos findando, além da indicação da necessidade de ter presente as compreensões filosóficas, políticas e pedagógicas como pano de fundo necessário em nossos atos de planejar e praticar institucionalmente o ensino, propõe, através de exemplos, os modos de agir no planejamento do ensino a ser praticado conscientemente em nossas instituições educativas.

CAPÍTULO 4
O ATO DE ENSINAR E SUA PRÁTICA

Desde que planejada, uma atividade de ensino nos âmbitos escolar e universitário nos quais atuamos como professores, o próximo passo é a sua execução. Propriamente é a realização do ensino planejado. Esse é o âmbito da sala de aula no qual nós nos relacionamos, afetiva e cognitivamente, com nossos estudantes, tendo por base os Conteúdos Curriculares traduzidos em Disciplinas e em Planos de Aula, como tivemos oportunidade de registrar no capítulo anterior do presente livro.

Em nosso sistema educacional, o ato de ensinar se dá através da relação entre professor e estudantes reunidos coletivamente em uma sala de aula[1], e está comprometido com os conteúdos curriculares a serem abordados e aprendidos. No espaço físico e cultural da sala de aula, nós professores estamos comprometidos afetiva e cognitivamente com nossos estudantes, tendo em vista sua aprendizagem e, em consequência, seu desenvolvimento cognitivo, psicológico, psicomotor e ético.

No processo de ensinar, importa mantermos a consciência de que, profissionalmente, exercemos o papel de líder da sala de aula. Somos

---

1. Historicamente, a prática coletiva do ensino passou a existir entre nós a partir de meados do século XVI com a constituição da Pedagogia Jesuítica, a partir de decisões de Inácio de Loyola e de seus pares no seio da Ordem Religiosa que fundara.

responsáveis pelo ensino dos conteúdos cognitivos como também dos conteúdos relativos às condutas afetivas e éticas, a fim de que nossos estudantes aprendam e, em consequência, se desenvolvam como seres humanos individuais e como cidadãos.

Além de ter presente os conteúdos escolares e universitários — fenomenologia tratada no capítulo anterior deste livro —, importa a nós professores mantermos nossa consciência atenta aos cuidados próprios e necessários da relação pedagógica, fator que garantirá aos nossos estudantes as aprendizagens com o seu consequente desenvolvimento cognitivo, como também psicológico e ético.

Como professores, somos líderes da sala de aula e, nesse contexto, temos a responsabilidade de subsidiar a aprendizagem dos nossos estudantes, tendo em vista sua formação e seu consequente desenvolvimento. Eles aprendem e, ao aprender, se desenvolvem. Porém, para que isso ocorra, necessitam de um espaço acolhedor, seguro e metodologicamente adequado, assim como de tempo satisfatório para processar as aprendizagens que os conduzam ao seu desenvolvimento. Afinal, os estudantes escolares e universitários necessitam de um campo organizacional[2], composto pela ambiência do espaço educativo e pelo educador que lhes dê continência e suporte para a efetivação de sua aprendizagem e de seu consequente desenvolvimento.

Dentro desta perspectiva, ao realizarmos a prática de ensino no ambiente escolar e universitário, nosso papel de professores será sustentar as atividades necessárias para que nossos estudantes aprendam e, em consequência, se desenvolvam e se formem. Esse, afinal, é o nosso papel profissional através do qual sustentamos as condições pedagógicas para que nossos estudantes façam o seu percurso de aprendizagens e, consequentemente, de crescimento pessoal e social.

---

2. "Campo organizacional", conceito formulado por David Boadella, partilhado no Capítulo 2 deste livro.

1. CUIDADOS PEDAGÓGICOS NO ATO DE ENSINAR

A seguir, o leitor encontrará compreensões a respeito de cada um dos cinco atos pedagógicos básicos como recursos metodológicos a serem utilizados no ato de ensinar: *acolher, nutrir, sustentar, avaliar* e, se necessário, *reorientar* nossos estudantes no percurso de suas aprendizagens. Afinal, cuidados fundamentais próprios do ato institucional de ensinar.

1.1. Acolher

Acolher é uma conduta básica e necessária como ponto de partida para o ato de ensinar na prática educativa institucional. Esse ato, no que se refere ao educador, significa receber cada estudante, assim como o conjunto dos estudantes componentes de uma turma no estágio em que se encontram no seu processo de aprendizagem e de desenvolvimento.

Tendo em vista nossa atividade profissional de ensinar, não há como desejar que nossos estudantes já estejam neste ou naquele estágio, sejam deste ou daquele jeito. Como ponto de partida do ato pedagógico institucional, importa acolhermos cada estudante individualmente, assim como todos os estudantes no seu conjunto no estado em que se encontram em seu processo de formação. Pedagogicamente, é necessário, pois, irmos até nossos estudantes, para que, após sentirem-se acolhidos, possam nos acompanhar por um novo trecho do caminho que já vêm trilhando em suas aprendizagens, ou por um caminho inteiramente novo de aprendizagens.

Acolher, no espaço educativo institucional no qual atuamos, é receber cada um e todos os nossos estudantes, sem julgamentos prévios, no estágio de aprendizagem e de desenvolvimento em que se encontram. E, então, a partir daí, subsidiar o caminhar de cada um e de todos em seu percurso de aprender e, de modo consequente, desenvolver-se sob os aspectos cognitivo, afetivo, psicomotor e ético, em conformidade com os conteúdos que estejam sendo abordados através das atividades de ensino sob nossa responsabilidade[3].

1.2. Nutrir

Desde que acolhidos, a segunda conduta fundamental no exercício da prática pedagógica institucional, como em outras práticas de ensino, é *nutrir* nossos estudantes, no que se refere às suas aprendizagens, ou

---

3. Segue o relato de uma experiência relativa ao ato de acolher no espaço pedagógico institucional. Uma experiência de acolhimento pedagógico. Quando ainda atuava como professor regular na Universidade — hoje estou aposentado das atividades regulares da docência —, uma das estudantes que frequentavam uma das disciplinas universitárias sob minha reponsabilidade fez, em sala de aula, um depoimento significativo em relação ao acolhimento *do* ou *dos* estudantes no estágio de desenvolvimento em que se encontram. Ela trabalhava como Orientadora em uma escola regular do Sistema de Ensino. Havia na instituição um menino com idade aproximada de 13 anos, repetente, um tanto rebelde, considerado por todos como um estudante desinteressado. "Impossível trabalhar com ele", diziam todos. Essa Orientadora resolveu aproximar-se desse referido estudante, procurando saber de seus interesses. Perguntou-lhe, então, do que gostava. Ele respondeu-lhe: "Gosto de reggae, professora. Reggae!". A professora, em seu diálogo com ele, repetiu a sua fala em forma de pergunta: "Reggae?" A resposta do estudante foi: "É, professora, é isso mesmo". "E você sabe dançar reggae?", perguntou ela. "Sim, professora. Aqui está", respondeu ele, enquanto batia na pochete que trazia presa ao corpo. A Orientadora quis ver o que havia na pochete. Eram cinco fitas com músicas de reggae. Na sequência do diálogo, ela perguntou: "Você quer dançar o reggae?" À medida que respondeu que "sim", a professora convidou-o para ir até a sala da Orientação Pedagógica, sua sala de trabalho. Bastante desconfiado, o estudante seguiu-a. Já na sala, ela pediu as fitas que ele trazia na pochete e colocou-as em seu toca-fitas. Perante os olhos pasmos do estudante, ela convidou-o a dançar. Ato subsequente, ele tirou da pochete seus óculos escuros, colocou-os no rosto e soltou-se a dançar. Foi uma festa. Era o próprio dançarino. Ela informou ter dançado com ele. Desse dia em diante, para ela, seguiu-se uma longa jornada de dançar com esse estudante e auxiliá-lo a tomar o caminho "de retorno" para a efetiva vida na escola, juntamente à sua turma de colegas. Um caminho de disciplina, certamente, mas um caminho trilhado por si mesmo, auxiliado pelos cuidados dessa Orientadora Educacional que, em primeiro lugar, amorosamente, *foi para o espaço físico e psicológico onde ele se encontrava*, acolheu-o, e, então, *ele veio com ela*. Essa cena nos auxilia a compreender que a jornada educativa é realizada através de alianças, em primeiro lugar, afetivas e, a seguir e conjuntamente, cognitivas.

seja, oferecer-lhes as condições necessárias, cognitivas e afetivas, para que aprendam os conteúdos curriculares abordados nas atividades institucionais de ensino pelas quais somos responsáveis, subsidiando seu desenvolvimento pessoal.

Vale lembrar que a nutrição, do ponto de vista biológico, subsidia nosso crescimento e nosso desenvolvimento físico, e, do ponto de vista cognitivo e psicológico, subsidia nossa constituição como sujeitos do conhecimento, da cultura e como senhores de nós mesmos.

Nutrir, no contexto que estamos propondo, é oferecer aos nossos estudantes as possibilidades de receber, compreender e apropriar-se dos conteúdos específicos das variadas áreas de conhecimentos com as quais atuamos pedagogicamente; significa também auxiliá-los a compreender e a apropriar-se daquilo que ocorre científica e culturalmente no seu entorno e na sua experiência de vida individual e social. Afinal, nutrir — no contexto do ensino, tema do qual estamos tratando — significa oferecer aos nossos estudantes suporte teórico-metodológico para que se apropriem dos conteúdos socioculturais essenciais com os quais atuamos em nossa prática de ensino, que, se compreendidos e assimilados, lhes garantirão suporte para o seu desenvolvimento pessoal e social.

Importa que esses conteúdos sejam recebidos, compreendidos, assimilados e exercitados ativamente por todos e por cada um dos nossos estudantes, tendo em vista sua efetiva apropriação do recurso de seu desenvolvimento. Nos procedimentos de ensinar e de aprender, importa ter presente o sentido integral de vida, fator que, do ponto de vista da aprendizagem, inclui a aquisição ativa e consistente de informações, habilidades, convicções e afetos.

Efetivas aprendizagens subsidiam nosso estar e nosso viver em um determinado ambiente e em um determinado período histórico, como também subsidiam a convivência com nossos familiares e com nossos pares no espaço da vida social.

Nutrir, no contexto sociocultural do qual estamos nos servindo, significa oferecer aos nossos estudantes os recursos e as condições para sua aprendizagem e seu consequente desenvolvimento. Esse é o objetivo fundamental que deve nortear nossa ação pedagógica em sala de aula.

1.3. Sustentar

Em terceiro lugar, importa *sustentar* o tempo e as condições para que nossos estudantes aprendam os conteúdos curriculares estabelecidos. Isso quer dizer que, como educadores institucionais, importa sustentarmos um ambiente saudável em sala de aula, assim como as atividades de ensino-aprendizagem e o tempo necessário para que nossos estudantes realizem seu movimento de se apropriar assimilativamente dos conteúdos ensinados, fator que subsidiará seu desenvolvimento.

O espaço da sala de aula necessita ser o espaço no qual os estudantes possam sentir-se acolhidos e orientados, tendo em vista receber, assimilar e tomar posse dos conhecimentos, das habilidades, assim como dos valores éticos curricularmente estabelecidos. Para o processamento de sua aprendizagem e do seu consequente desenvolvimento, os estudantes escolares e universitários necessitam ter a certeza de que no espaço institucional de ensino, em primeiro lugar, serão acolhidos, para, a seguir, serem orientados e — se necessário — reorientados em sua aprendizagem, tendo em vista a apropriação dos conteúdos ensinados como recursos para o seu desenvolvimento pessoal, cultural e científico.

Sustentar significa, pois, garantir aos nossos estudantes as condições de tempo e de apropriação de conhecimentos, habilidades e valores para sua aprendizagem e para o seu consequente desenvolvimento.

1.4. Avaliar

Avaliar é o quarto cuidado ao qual nós, educadores, necessitamos estar atentos no ato institucional de ensinar.

Conceitualmente, avaliar significa investigar a qualidade da realidade, tendo em vista subsidiar decisões. De modo usual, praticamos o ato de avaliar durante todo o percurso do nosso dia, assim como de nossa vida. Nossas escolhas, sejam elas cotidianas ou de longo prazo, são precedidas por um ato avaliativo, ou seja, por uma investigação da qualidade da realidade, fator que subsidia nossas escolhas.

A investigação da qualidade da realidade da qual estamos tratando pode ocorrer tanto através do *senso comum*, como por meio do *senso crítico*.

Através do *senso comum*, cada um de nós, em nosso dia a dia, pratica atos avaliativos que precedem nossas constantes e sucessivas escolhas, decisões e ações.

Nesse contexto, por exemplo, nos perguntamos: Que roupa escolho para vestir no dia de hoje? Dos alimentos expostos na mesa de nossa casa, qual deles escolho? Tendo em vista dirigirmo-nos a algum local, de modo usual, nos perguntamos a respeito do caminho que tomaremos. E dessa forma em diante. No contexto do senso comum, a avaliação nos subsidia — de modo constante — em nossas decisões no cotidiano.

Por outro lado, através do *senso crítico*, nas práticas avaliativas, nós nos servimos de recursos metodológicos utilizados no âmbito da investigação científica, fator que, de modo consistente e preciso, subsidia nossas escolhas e decisões. Para a prática da avaliação no contexto do senso crítico, importa usar os recursos da investigação científica, tendo em vista descrever cuidadosamente a realidade, fator que subsidia sua efetiva qualificação, garantindo desse modo base para uma consistente tomada de decisão. No sétimo capítulo do presente livro, o leitor encontrará orientações metodológicas para a prática da avaliação da aprendizagem dos nossos estudantes em sua vida de estudos e formação.

Nossas decisões são — e sempre serão — tomadas a partir de uma avaliação da realidade que nos cerca, seja através do senso comum, seja pelo senso crítico. No caso do ensino institucional, escolar e universitário, importa a nós educadores nos servirmos da avaliação da aprendizagem sedimentada no senso crítico, ou seja, nos servirmos dos resultados da investigação avaliativa praticada por meio da utilização consistente e cuidadosa dos recursos metodológicos necessários, tendo em vista qualificar a aprendizagem dos nossos estudantes, fator que subsidiará nossas decisões.

A avaliação da aprendizagem no contexto de nossa atividade profissional de ensinar subsidia tanto a constatação da qualidade da aprendizagem dos nossos estudantes, como subsidia nossas decisões, tendo em vista, se necessário, a reorientação da sua aprendizagem. Fator que garante aos nossos estudantes a efetiva aquisição dos conhecimentos, das habilidades e dos valores propostos curricularmente para aprendizagem tanto no espaço escolar como no espaço universitário.

Afinal, o ato avaliativo centrado no desempenho dos nossos estudantes em sua aprendizagem é um ato parceiro que nos subsidia, como educadores, em nossas decisões no espaço do ensino em nossa sala de aula. Por revelar a qualidade da realidade, ele subsidia nossas decisões, a fim de que sejam adequadas e construtivas a serviço da aprendizagem e do desenvolvimento de todos os nossos estudantes.

1.5. Reorientar

Por último, o educador é aquele que, se necessário, amorosamente *reorienta* os seus estudantes em seu percurso de aprendizagem, seja no que diz respeito aos conteúdos escolares e universitários ensinados, seja em relação à sua formação psicológica e social.

Reorientar, do ponto de vista do ensino, é o modo pelo qual, observando os acontecimentos em andamento, nós, educadores, podemos subsidiar nossos estudantes a se apropriarem dos conteúdos do ensino e a viver e conviver com os seus pares e com os limites da vida, sem perder a autoridade interna e sem invadir o espaço alheio. Reorientar, afinal, é o ato educativo que como adultos no espaço da relação pedagógica, ao mesmo tempo, acolhemos os estudantes que se encontram sob nossa responsabilidade, e, a partir dos resultados da investigação avaliativa a respeito de sua aprendizagem, lhes sinalizamos os limites e as possibilidades da realidade, a fim de que deem corpo ao seu próprio caminho de formação e de vida.

A avaliação, como já temos sinalizado, é — e será — na prática educativa institucional nossa parceira a nos avisar a respeito da qualidade dos resultados decorrentes de nossa ação pedagógica em sala de aula. Resultados que nos subsidiarão em nossas decisões no seio da prática de ensino que realizamos.

2. CONSIDERAÇÕES FINAIS A RESPEITO DO ATO DE ENSINAR

Acolher, nutrir, sustentar, avaliar e, se necessário, *reorientar* nossos estudantes em sua aprendizagem no espaço de nossas salas de aula são atos pedagógicos fundamentais para a prática de ensino de cada um de nós educadores em nossas instituições educativas. No contexto de uma prática pedagógica satisfatória, esses cinco atos se sucedem um ao outro na sequência dos atos de ensinar em conformidade com os registros anteriores no presente capítulo e, ao mesmo tempo, implicam-se entre si como um todo funcional e dinâmico.

No caso do ensino institucional, sem sombra de dúvidas, essas condutas necessitam fazer parte do nosso modo de agir como educadores, de tal forma que possamos subsidiar nossos estudantes em sua aprendizagem e, consequentemente, em sua formação acadêmica e pessoal.

Nesta perspectiva, o educador é aquele que dá continência aos estudantes, para que possam encontrar e seguir no seu processo de aprender, e, dessa forma, desenvolver-se com segurança na direção de sua independência, de sua autonomia e de sua relação com o outro, afinal, em direção a uma vida saudável.

Sintetizando, em seu processo de aprender e, em consequência, formar-se:

1. os estudantes necessitam do acolhimento por parte de seus educadores, a fim de que possam sentir-se seguros, desenvolver-se e, desse modo, prosseguir pelos caminhos da vida.
2. para tanto, necessitam que nós, como educadores, lhes demos as mãos para que prossigam por seus caminhos de aprendizagem e de consequente desenvolvimento. Necessitam, pois, do educador como parceiro seguro na sua jornada pessoal de formação.
3. nesse contexto, nossos estudantes necessitam da nutrição educativa, de tal forma que possam constituir-se como cidadãos dignos de si e de seus pares, construindo uma vida saudável tanto individual como social.
4. importa, enfim, que, no ambiente do ensino e da aprendizagem institucional, auxiliemos amorosamente cada um e todos os nossos estudantes, a fim de que se desenvolvam de forma suficientemente adequada para viver sua independência, sua autonomia, assim como para conviver com os seus pares na vida social.

Afinal, acolher, nutrir, sustentar, avaliar e, se necessário, reorientar nossos estudantes em sua aprendizagem são atos a serem praticados por nós educadores, à medida que são facetas do mesmo ato de educar.

Para realizar nosso papel como educadores, necessitamos preparar-nos, assim como necessitamos estar cientes dos nossos processos psicológicos pessoais, como também de nossas habilidades profissionais. E, ainda, sem sombra de dúvidas, estarmos conscientes dos nossos desejos, dos nossos estados de ânimo, assim como de nossas carências e possibilidades, tendo em vista nossa atuação como educadores. Fatores que nos subsidiarão em nosso modo de ser no contexto da prática educativa institucional.

Para atuarmos educativamente, necessitamos ser amorosos, em primeiro lugar, com nós mesmos, o que significa reconhecer-nos, acolher-nos, nutrir-nos, sustentar-nos e, se necessário, buscar orientações necessárias para nossa vida, condição para, a seguir, manter uma amorosidade e cuidados equivalentes com nossos estudantes.

No espaço do ato pedagógico, importa que nós educadores assumamos nosso domínio adulto e nele nos centremos, de tal forma que possamos encontrar e administrar as melhores soluções para as situações emergentes no nosso espaço profissional. Importa dialogar com nossos estudantes e, em consequência, subsidiar sua autoconstrução.

Nesse contexto, vale ter presente que o termo *educar* tem sua origem latina na expressão *ex-ducere*, que quer dizer "conduzir de dentro para fora", ou seja, na prática educativa, importa subsidiar cada estudante a construir um modo de ser saudável para si e para o meio no qual vive.

Em síntese, o educador é aquele que, assumindo o seu estado adulto, acolhe, nutre, sustenta, avalia e, se necessário, reorienta seus estudantes, estando eles no estágio de desenvolvimento em que estiverem. Para ocupar o seu lugar, o educador necessitará, de um lado, de formação pessoal e de treinamento profissional, e, de outro, de atenção cuidadosa às ocorrências do cotidiano.

Uma pedagogia construtiva sustenta uma adequada prática docente, por ter, como sua base, a compreensão de que o ser humano é um ser em movimento, em construção. Desse modo, do ponto de vista pedagógico, cabe ao educador atuar construtivamente, servindo-se de recursos que auxiliem seus estudantes no movimento para o crescimento e para a maturidade.

CAPÍTULO 5
UMA INTRODUÇÃO À FENOMENOLOGIA DO ATO DE AVALIAR A APRENDIZAGEM DOS ESTUDANTES

Nos capítulos anteriores, tratamos da concepção pedagógica que deve nos guiar em nossos atos de ensinar, assim como tratamos dos atos de planejar e de executar o ensino em nossas instituições escolares e universitárias.

Epistemologicamente, planejar, executar e avaliar formam um todo integrado, desde que, através do ato de planejar, traçamos os rumos de nossa ação; por meio do ato de executar, colocamos em prática nossos desejos e nossas ações, tendo em vista atingir os objetivos traçados para nossa ação; e, finalmente, o ato de avaliar é o recurso pelo qual nós, como gestores de uma ação, tomamos consciência da qualidade dos resultados daquilo que planejamos e executamos, fator que nos possibilita decisões, se necessárias, a respeito de correções relativas ao percurso e às consequências de nossos atos. Essas mesmas compreensões devem orientar nosso agir na condição de professor escolar e universitário.

A seguir, no presente capítulo, investiremos no entendimento conceitual e prático da avaliação da aprendizagem dos nossos estudantes em decorrência de nossas atividades de ensino.

1. A RESPEITO DO USO DOS ATOS AVALIATIVOS DA APRENDIZAGEM DOS ESTUDANTES

Do ponto de vista pedagógico, importa que nós, educadores escolares e universitários, nos abramos para as possibilidades de nos servirmos dos atos avaliativos da aprendizagem como recursos subsidiários de nossa ação pedagógica, como também subsidiários da aprendizagem dos nossos estudantes,

As teorias pedagógicas jesuítica e comeniana, que se constituíram na Europa, respectivamente nos séculos XVI e XVII, formam parte das proposições pedagógicas que, hoje, são denominadas de Pedagogias Tradicionais. Nesse contexto, tomamos consciência de que se passaram quatro séculos desde a publicação do documento *Ratio atque Institutio Studiorum Societatis Iesu*[1] por parte dos Padres Jesuítas, que ocorreu no ano de 1599, e aproximadamente trezentos anos desde a publicação da *Didática Magna*[2], da autoria de John Amós Comênio, ocorrida em 1632 na língua tcheca e traduzida para o latim pelo próprio autor em 1657, e, agora, no decurso dos anos 2000, ainda não conseguimos servir-nos adequadamente das prescrições desses dois documentos, no que se refere aos investimentos no decurso do ano letivo para que todos os estudantes com os quais atuamos aprendam aquilo que deveriam aprender.

No cotidiano de nossas instituições de ensino, usamos partes isoladas das recomendações contidas nas proposições pedagógicas dos dois documentos referidos, principalmente as determinações que, sendo utilizadas de modo descontextualizado, respondem favoravelmente ao modelo da sociedade do capital, que, à época da constituição dessas Pedagogias, estava em emergência. Nesse contexto, outras significativas

---

1. Tradução para o português: *Ordenamento e Institucionalização dos Estudos na Sociedade de Jesus*. Esse documento, de maneira usual, é citado como *Ratio Studiorum*.

2. John Amós Comênio, *Didática Magna* ou *Tratado da arte universal de ensinar tudo a todos*, tradução da Fundação Calouste Gulbenkian, Lisboa, 1957.

proposições pedagógicas contidas nos dois referidos documentos, no decurso do tempo, deixaram de ser levadas em conta e, então, sobreviveram de modo exclusivo as provas e os exames escolares e universitários. No presente momento histórico no qual vivemos, as provas e os exames ainda se fazem presentes em nossas instituições de ensino, tanto no decurso do ano letivo como ao seu final[3].

Nesse contexto, desapareceram as recomendações jesuíticas e comenianas relativas aos cuidados inclusivos com todos os estudantes. Contudo, em direção oposta, permaneceram e se sedimentaram os recursos que possibilitam a seletividade em relação aos estudantes no percurso da sua vida escolar e universitária, fator que atua a favor do modelo de organização social no qual vivemos, estruturado em classes sociais.

As razões para esse padrão de conduta são sócio-históricas. Para compreender isso, importa ter presente que o modelo de sociedade do capital, no seio do qual vivemos, emergiu e se instalou na vida social no percurso histórico da Modernidade. Modelo social no qual o poder é hierarquizado e centralizado, configurando a sociedade em que vivemos e que é reproduzido, entre outros fatores sociais, também através do nosso sistema educacional escolar e universitário, espaços onde ocorreram e ocorrem múltiplas reprovações — exclusões —, como revelam os dados estatísticos relativos ao ensino em nosso país.

---

3. Importa ter presente que, ao longo dos últimos cinco séculos, muitos outros teóricos da Pedagogia — além dos Jesuítas e de John Amós Comênio — trataram a avaliação da aprendizagem como parceira do educador no exercício de sua prática pedagógica em sala de aula. Nesse contexto, podemos citar: Johann Herbart (1776-1841), John Dewey (1859-1952), Maria Montessori (1870-1952), Ralph Tyler (1902-1994), Benjamim Bloom (1913-1999), Norman Gronlund (1920-) e, no Brasil, entre outros, Anísio Teixeira (1900-1971), Lauro de Oliveira Lima (1921-2013), Paulo Freire (1921-1997), autores que, no seio de suas elaborações pedagógicas, compreenderam e configuraram o uso da avaliação da aprendizagem como um recurso subsidiário fundamental no âmbito do ensino institucional. Um recurso parceiro na busca do sucesso da atividade de ensino. O leitor poderá entrar em contato com as teorias relativas a essa temática através da obra de Cipriano Carlos Luckesi, *Avaliação da aprendizagem escolar: passado, presente e futuro*, São Paulo, Cortez, 2021.

O modelo da sociedade do capital, que conhecemos hoje como sociedade burguesa, iniciou seu movimento de autoconstituição nos limites finais da Idade Média, em torno do século XIII, d.C., com o nascimento dos burgos e das feiras livres no espaço territorial europeu. Nesse contexto geográfico, social e histórico, os servos da gleba, à época componentes do segmento social excluído, começaram a praticar atividades comerciais nas feiras livres, de um lado, vendendo aquilo que tinham ou produziam, e, de outro, adquirindo aquilo que necessitavam para sua sobrevivência.

As feiras livres constituídas e praticadas nos finais da Idade Média e na emergência da Idade Moderna representaram, historicamente, as primeiras tentativas de ações sociais fora dos domínios do Senhor da Terra, na perspectiva de viver e de comerciar livremente. Foi nesse contexto histórico que a sociedade burguesa se constituiu como uma "sociedade de comerciantes livres", segundo expressão do professor e sociólogo Octavio Ianni[4]; modalidade de vida social e econômico-financeira que sustentou a estruturação da sociedade dividida nas classes sociais que conhecemos hoje: classes alta, média e baixa.

Os séculos XV e XVI foram marcados pelo mercantilismo, que, historicamente, representou a acumulação primitiva do capital, em conformidade com as compreensões de Karl Marx, criando, desse modo, as condições para a emergência do capital industrial no decurso do século XVIII e, posteriormente, para a emergência do capital financeiro, dentro do qual vivemos hoje.

---

4. Octavio Ianni, nascido em Itu (SP), em 13 de outubro de 1926, falecido em 4 de abril de 2004, na cidade de São Paulo, foi um sociólogo e professor universitário brasileiro. Formara-se em Ciências Sociais pela Faculdade de Filosofia, Ciências e Letras da Universidade de São Paulo (USP), no ano de 1954. Logo após sua formatura, integrou o corpo docente dessa mesma Faculdade, na cadeira de Sociologia, da qual o professor Florestan Fernandes era o titular. Ao lado de Florestan Fernandes, Octavio Ianni foi considerado um dos principais sociólogos no espaço geográfico do nosso país. Nos últimos anos de sua vida, dedicou seus estudos às questões relativas à globalização. Os leitores interessados nesse autor e em suas contribuições teóricas para a área da Sociologia poderão obter informações biográficas e bibliográficas a seu respeito no *site*: https://pt.wikipedia.org/wiki/Octavio_Ianni.

A Revolução de 1789, na França, de modo usual denominada de Revolução Francesa, cristalizou o modelo burguês de sociedade, que vinha se gestando na história ocidental desde o século XIII. Vitoriosa, a burguesia tornou-se conservadora, sedimentando o modelo social que fora se constituindo ao longo da Modernidade.

A sociedade capitalista — como a denominação bem expressa — organizou-se em torno da economia do capital, com predomínio do segmento social que detinha a posse dos meios de produção, juntamente a uma organização social e política que favoreceu seus interesses. Somou-se a isso a exclusão das maiorias populacionais dos bens econômicos, sociais e culturais, entre os quais estava e está a educação escolar e universitária.

Marx, no livro *O 18 de brumário de Luís Bonaparte*[5], estudando o golpe de Estado praticado na França, no decurso do ano de 1852, por Luís Napoleão, sobrinho de Napoleão Bonaparte, afirmou que o Bonapartismo, como modelo de organização social, econômica e política, é a religião da burguesia.

Nessa obra, o autor definiu o Bonapartismo como uma forma de governo na qual predomina o Poder Executivo sobre o Legislativo, assim como sobre o Judiciário, tendo por sustentação o Exército, a Igreja Tradicional, o Campesinato e o Lúmpen. Afinal, uma forma centralizada e hierarquizada de poder que, do ponto de vista econômico, social e político, garantiu os interesses das minorias dominantes, incluindo seus interesses econômicos, sociais, científicos e culturais. A sociedade burguesa, ao mesmo tempo que dificulta às massas populacionais o acesso aos bens materiais, dificulta-lhes também o acesso aos bens sociais, culturais e educacionais.

---

5. A obra *O 18 de brumário de Luís Bonaparte* foi produzida por Marx no decurso do próprio processo do golpe de Estado praticado na França por Luís Napoleão, no ano de 1852. Seus capítulos estão constituídos por artigos do autor que seriam publicados nos Estados Unidos da América do Norte como material jornalístico. Esse referido projeto fora frustrado; então, Marx reuniu os artigos e constituiu o livro citado no início desta nota de pé de página.

Então, cabe perguntar: Mas o que esse dado histórico-social tem a ver com avaliação da aprendizagem escolar? Duas fenomenologias: uma é a reprodução do modelo de autoridade socialmente estabelecido no espaço educativo institucional; a outra é a prática da exclusão social, ao lado de outros fatores, através das múltiplas reprovações no espaço escolar, como também no espaço dos estudos universitários.

De um lado, a prática dos exames escolares e universitários, hoje vigente em nossas instituições de ensino, à medida que exclui muitos estudantes, reproduz o modelo da sociedade do capital, o modelo burguês de sociedade. As provas, no âmbito do ensino institucional do presente momento histórico, manifestam-se ao mesmo tempo como um recurso útil de administração do poder social no espaço da relação pedagógica, como também um recurso de seletividade social.

Em nossa sociedade, poucos concluem sua formação educativa institucional somando Ensino Básico e Ensino Universitário. No espaço de tempo necessário para proceder essas duas etapas de estudos e de formação institucional do ser humano, muitos ficam pelo caminho. No presente momento histórico, em nosso país, somente cerca de 15% dos estudantes que ingressam na 1ª série do Ensino Fundamental, ou menos que isso, concluem o Ensino Universitário, dezesseis, dezessete anos depois[6].

De outro lado, o processo psicológico pessoal de cada um de nós, profissionais que atuamos no ensino — processo psicológico constituído no decurso dos anos de nossa escolaridade pessoal —, expressa mais uma razão para a resistência à mudança dos atos de examinar para os atos de avaliar a aprendizagem dos nossos estudantes. No decurso do período em que passamos pela educação institucional,

---

6. Dados relativos à formação de nossos estudantes podem ser consultados no *site* do Instituto Nacional de Estudos e Pesquisas Educacionais Anísio Teixeira (Inep).

todos vivenciamos múltiplos estados emocionais de ansiedade e de temor, tanto nos momentos que antecediam as provas e os exames, como no decurso da própria prática de responder às questões propostas como recursos para a aprovação ou reprovação de cada um de nós na série escolar ou na disciplina universitária na qual nos encontrávamos matriculados.

Quem de nós, em algum momento de nossa vida escolar e universitária pregressa, não temeu submeter-se às provas e aos exames? Os períodos de provas e de exames eram momentos de ansiedade por parte de cada um de nós estudantes no seio das instituições de ensino das quais participávamos. Nesse contexto, vale recordar o estado psicológico que ocorria com todos nós estudantes nos períodos institucionais em que aconteciam as provas escolares e universitárias.

Nossas experiências de medo e de temor nos momentos anteriores e no decurso das provas e dos exames institucionais pelos quais passamos sedimentaram-se na vida de cada um de nós e, agora, quando atuamos como profissionais no âmbito do ensino institucional, nossas experiências passadas, aqui e acolá, se expressam de modo reprodutivo em nossa maneira de agir. Importa registrar que não são modos de agir conscientes, desejados e operacionalmente decididos, mas, sim, atos que, de maneira comum e usual, reproduzem aquilo que ocorreu em nossas vidas pessoais pregressas.

De forma automática, reproduzimos o padrão de conduta que vivenciamos quando estudantes em nosso passado escolar e universitário. Comumente, nem mesmo nos perguntamos se essa conduta é adequada ou não; simplesmente, de modo usual, repetimos o modo de agir ao qual fomos submetidos no decurso de nossa vida escolar e universitária pregressa. À medida que, de maneira comum, não nos questionamos sobre o significado dessa forma de agir, prosseguimos, como profissionais do ensino, atuando em nossa prática pedagógica em conformidade com as determinações desse senso comum sedimentado[7] em nossas vidas pessoais e profissionais, como também no âmbito da convivência social.

Com o uso desse procedimento, como educadores que atuamos no espaço escolar e universitário, conseguimos a atenção dos nossos estudantes mais pelo medo da reprovação que pelo significado e pela qualidade de nossa ação pedagógica em sua vida.

Importa abrirmos mão desse padrão de conduta ao qual fomos submetidos. Para tanto, há necessidade de estarmos permanentemente vinculados, de maneira consciente, ao propósito de modificarmos o padrão de nos conduzirmos em nossas atividades institucionais de ensino, no que se refere à avaliação da aprendizagem.

Necessitamos atuar com a prática da avaliação da aprendizagem de modo consciente e construtivo, renunciando a nos servimos da prática das provas e dos exames como recursos de controle pedagógico e social dos nossos estudantes. E, em consequência, importa servirmo-nos desse ato pedagógico como um recurso de diagnóstico da aprendizagem de nossos estudantes, fator que nos subsidia na sua orientação, tendo em vista a construção de seus conhecimentos, de suas habilidades e sua consequente formação, segundo um nível de qualidade desejado.

Vale a pena investir no uso dos atos avaliativos no ensinar e no aprender em nossas instituições educativas, seja no que se refere ao acompanhamento individual, seja no que se refere ao acompanhamento coletivo dos nossos estudantes — turmas com as quais atuamos. O ato de avaliar, por si, subsidia decisões que, a depender de nossas escolhas, serão construtivas. Nossa meta institucional permanente deverá ser a de garantir aprendizagem satisfatória por parte de todos os nossos estudantes, tendo em vista sua formação individual e cidadã.

---

7. Por "senso comum sedimentado" estamos entendendo o senso pelo qual praticamos de modo comum nossos atos no cotidiano, sem nos perguntarmos de forma crítica o que eles efetivamente significam.

2. POSSIBILIDADES DA AVALIAÇÃO DA APRENDIZAGEM

Como temos sinalizado no decurso das páginas do presente livro, a prática da avaliação da aprendizagem tem como objetivo o acompanhamento da qualidade da aprendizagem escolar e universitária dos nossos estudantes, subsidiando decisões necessárias na busca do sucesso da nossa ação pedagógica. A avaliação da aprendizagem, como temos sinalizado, é uma prática diversa dos exames escolares, que, de modo usual, ainda estão presentes em nossas instituições de ensino.

O uso das práticas avaliativas, no âmbito do ensino escolar e universitário, exige como pano de fundo um investimento contínuo na busca da qualidade positiva da aprendizagem por parte de todos os nossos estudantes, fator que requer de nós educadores uma proposta pedagógica e uma prática de ensino com características construtivas.

Vivemos no seio da sociedade burguesa, estruturada em segmentos sociais configurados como classes alta, média e baixa, sendo a última a mais excluída dos bens sociais. Atravessamos um momento histórico-social no qual o modelo burguês de sociedade se encontra plenamente constituído, contexto no qual vivemos e no qual a exclusão social está plenamente presente.

Nesse contexto, importa que nós, profissionais da educação institucional, invistamos na aprendizagem e na consequente formação de todos os nossos estudantes, na perspectiva de que se autoconstruam e estabeleçam alianças com seus concidadãos, tendo em vista a integração e a inclusão satisfatória de todos na dinâmica da vida social. Importa que *todos* nós educadores nos sirvamos dos recursos da avaliação da aprendizagem, tendo em vista subsidiar a integração de todos os nossos estudantes no espaço de uma vida social satisfatória para todos.

Através da educação escolar e universitária, ao mesmo tempo cognitiva, afetiva, social e psicomotora, nós educadores temos como tarefa profissional investir na formação bem-sucedida dos nossos estudantes e na consequente interação de cada um com os seus pares na vida social. Ainda que observemos, ao nosso redor, múltiplas manifestações de exclusão social, política e econômica, importa, em nossa atividade educativa institucional, o desejo e a ação a favor da inclusão de todos em uma vida social saudável.

Convivemos no seio de um movimento social contraditório: de um lado, nossa busca pela inclusão de todos em um meio social saudável, porém, de outro, observamos, a todos os instantes, variadas e múltiplas exclusões. Nesse contexto, importa termos ciência de que o movimento da história sempre foi e, certamente, continuará contendo contradições. A educação institucional, como não poderia ser de outra forma, também se dá nesse contexto contraditório. Diante dessa realidade, nós profissionais do ensino estamos convidados a sustentar um movimento social e histórico positivo a serviço da integração de todos. Constitutivamente, não há razão para exclusões sociais; afinal, todos os seres humanos são *seres humanos* e, por isso, iguais.

Tendo em vista usar a avaliação da aprendizagem escolar e universitária em uma perspectiva construtiva, importa estarmos cientes de que essa proposta exige uma compreensão pedagógica diversa daquela que, de maneira usual e comum, vivenciamos em nosso cotidiano educativo institucional. Para tanto:

1. importa assumir uma pedagogia que admita o ser humano como um ser em desenvolvimento e, pois, em construção. Todos e cada um de nós nascemos e vivemos com potencialidades biológicas, psicológicas e espirituais que necessitam ser cuidadas e desenvolvidas no decurso da nossa existência;
2. importa também assumir que o ser humano se desenvolve segundo dois princípios ativos e complementares, já expostos em páginas anteriores do presente livro e aqui retomados:
    — o *princípio formativo*, que é interno a cada um de nós e expressa que o desenvolvimento vai do simples para o complexo; ou

seja, nós nos desenvolvemos na direção da complexidade do nosso ser e da nossa autonomia; a cada momento, em nosso processo de constituição e crescimento, nos tornamos mais e mais complexos;

— e o *princípio organizativo*, segundo o qual o ser humano se desenvolve, organizando-se na sua interação com o meio em que vive, composto pelo mundo natural, cultural, social e psicológico, do qual fazem parte os pais, os parentes, os amigos, os educadores, sejam eles escolares ou não, os psicoterapeutas e todos mais.

No espaço escolar, nós, professores, temos, pois, papel fundamental na sustentação da experiência cognitiva e psicológica de cada um e de todos os nossos estudantes, tendo em vista sua adequada e satisfatória formação;

3. importa, ainda, ter presente que nós professores, como componentes do princípio organizativo no processo de formação de nossos estudantes, necessitamos ter a posse de uma formação consistente e adequada para atuar nesse âmbito profissional. Em síntese, atuar na educação institucional com base em consistentes e significativos conhecimentos, seja a respeito do ser humano individual — afinal, nossos estudantes —, seja a respeito de sua integração na vida cultural e social como um todo;

4. por último, importa admitir que nós educadores, em nossa função de ensinar, necessitamos acolher nossos estudantes, nutri-los, sustentá-los em seus investimentos na aprendizagem, avaliar seu desempenho e, se necessário, reorientá-los amorosamente em suas aprendizagens, para que, ao longo do tempo, constituam sua identidade e possam viver e realizar sua vida junto aos seus pares da forma mais satisfatória, saudável e feliz possível.

Importa, pois, como educadores, nossos cuidados com a formação e o desenvolvimento dos nossos estudantes por meio de uma interação saudável com o mundo no qual vivem, tanto sob o aspecto físico como sob o aspecto sociocultural. Nesse contexto, necessitamos nos servir da avaliação da aprendizagem como um recurso praticado no seio da ação pedagógica institucional, cujo objetivo é subsidiar a nós educadores em nossa atividade de ensinar, assim como aos nossos estudantes em sua trajetória de aprendizagem, que deve dar-se de forma bem-sucedida para cada um e para todos.

Nessa perspectiva, John Bowlby, psicoterapeuta e educador inglês, afirmou que a educação é um processo de vigilância amistosa, que se inicia com o nascimento e se encerra com a morte. Em síntese, como educadores, importa agirmos tendo como filosofia *uma opção pela vida*, que, por si, é construtiva. Opção que nos conduzirá a atuar para ativar o fogo da vitalidade que se encontra em cada um de nós e, pois, em cada um dos nossos estudantes.

Desse modo, será possível dar atenção às experiências pessoais de cada um de nossos estudantes, tendo em vista o seu desenvolvimento. No caso, uma boa indicação para nós educadores em nossa ação pedagógica é, e será, cuidar de cada um e de todos os nossos estudantes a partir do estágio em que cada um se encontra em suas aprendizagens e em seu desenvolvimento. Ou seja, ter sempre presente o cuidado com a valorização dos aspectos positivos presentes na vida pessoal, como também no modo de ser e de agir na vida social por parte de cada um.

A avaliação será, nesse contexto, um ato subsidiário de nossa prática pedagógica, com vista à obtenção de resultados satisfatórios por parte de todos os nossos estudantes no percurso da sua aprendizagem e, em consequência, do seu desenvolvimento. Nessa perspectiva, amorosamente, como educadores:

1. deveremos acolher nossos estudantes como são, com sua bagagem pessoal biopsicossociológica, sem os julgar; simplesmente, acolhê-los e, a partir daí, atuarmos de maneira efetivamente educativa;

2. e, de modo subsequente, oferecer-lhes subsídios para sua aprendizagem e seu consequente desenvolvimento pessoal, nutridos com os recursos decorrentes dos conteúdos da nossa herança sociocultural;
3. além disso, tendo em vista seu desenvolvimento, garantir-lhes recursos metodológicos para a assimilação pessoal dos conhecimentos e das habilidades estabelecidos curricularmente;
4. e, ainda, deveremos dialogar com cada um e com todos os estudantes sob nossa responsabilidade, perguntando-lhes como se sentem, como estão e, a seguir, acolhendo suas respostas, de um lado, tornando-nos felizes por sua aprendizagem e desenvolvimento, e, de outro, sinalizando-lhes, de modo acolhedor, ângulos da realidade que ainda não estejam observando;
5. por último, importa assumir que nossos estudantes são honestos em suas colocações. Quando tivermos dúvidas a respeito de suas afirmações e partilhas, caberá a nós educadores dialogarmos com eles, antes de qualquer julgamento. Nunca desqualificar.

Nesse contexto, nossos estudantes poderão sentir que sua relação com seu educador é uma relação para o seu crescimento e desenvolvimento, para a construção de si mesmos e de sua identidade.

Tendo esta postura pedagógica, a prática da avaliação da aprendizagem deixará de ser psicologicamente algo difícil e complicado, como, por vezes, tem sido considerada em nosso cotidiano profissional. De fato, na prática avaliativa, necessitaremos tão somente diagnosticar a qualidade das aprendizagens de nossos estudantes, tendo como base os conteúdos curriculares oferecidos. Fator que, de um lado, nos subsidiará a acolher a realidade com a qualidade com a qual ela se apresenta, e, de outro, se necessário, nos subsidiará a encontrar soluções adequadas e satisfatórias para as dificuldades e para os impasses emergentes.

Para isso, importa a disposição de nossa parte, como educadores, para o acolhimento de cada um e de todos os nossos estudantes no estágio de aprendizagem e desenvolvimento no qual se encontram, assim como importa nossa disposição para auxiliá-los em seu percurso de aprender, tendo como consequência seu desenvolvimento.

Essa prática exigirá de cada um de nós educadores vínculo com a profissão, formação adequada e consistente, comprometimento permanente com a área profissional que escolhemos, atenção plena e cuidadosa em todas as nossas intervenções junto aos nossos estudantes e flexibilidade no relacionamento.

3. CONCLUINDO

No contexto da compreensão exposta anteriormente, a avaliação da aprendizagem no âmbito do ensino, seja ele escolar, seja universitário, será uma prática integrada com todas as atividades pedagógicas e a seu serviço. Enquanto estivermos ensinando, estaremos avaliando; e enquanto estivermos avaliando, estaremos ensinando.

No seio dessa perspectiva, a avaliação da aprendizagem estará posta para subsidiar nossos atos pedagógicos, tendo em vista a aprendizagem e o consequente desenvolvimento de cada um e de todos os nossos estudantes no caminho de sua trajetória existencial, pessoal; afinal, estará a serviço da construção da sua experiência saudável de vida. Nós educadores, como partes do princípio organizativo da experiência dos nossos estudantes, estaremos nessa relação, como adultos, subsidiando sua auto-organização.

A avaliação da aprendizagem constitui-se, pois, como uma ação a serviço da vida, desde que a Pedagogia que alinhamos na presente publicação está comprometida com uma construção positiva das aprendizagens dos nossos estudantes, tendo em vista o seu desenvolvimento e, em consequência, uma vida saudável. Os resultados da investigação avaliativa, por si, necessariamente, devem subsidiar a prática pedagógica.

Não é a avaliação que determina a proposta pedagógica, mas sim a proposta pedagógica que configura a avaliação. Por isso, importa termos clareza da concepção pedagógica que assumimos para orientar-nos no cotidiano de nossas atividades de ensino.

Certamente, que, para levar à frente a prática pedagógica delineada no presente capítulo ou outra assemelhada, confrontar-nos-emos com dificuldades por vivermos ainda no seio da sociedade do capital, que, por si, é seletiva. A avaliação da aprendizagem, de modo diverso, deve estar a serviço de uma atividade educativa que assuma incluir todos os estudantes no seio de uma prática pedagógica bem-sucedida; proposição evidentemente contraditória com o modelo de sociedade estruturada através de classes sociais.

Importa, nesse contexto, investir em uma prática da avaliação da aprendizagem escolar e universitária como parceira a nos subsidiar em nossos cuidados para a inclusão de todos os estudantes em uma aprendizagem satisfatória e, desse modo, em sua integração social. Afinal, somos parte da totalidade e, quando uma parte do todo se move, de algum modo o todo também se move. Servindo-nos, pois, dos recursos da avaliação da aprendizagem, poderemos subsidiar cada um e todos os nossos estudantes na busca de uma vida satisfatória para si e para todos de modo coletivo.

CAPÍTULO 6
COMPREENSÃO TEÓRICA DO ATO DE AVALIAR A APRENDIZAGEM DOS ESTUDANTES NAS INSTITUIÇÕES DE ENSINO

Como já temos sinalizado ao longo das páginas deste livro, a ação pedagógica na vida escolar e universitária exige o planejamento do ensino, sua execução e a avaliação dos resultados decorrentes da ação planejada e executada.

O resultado da investigação avaliativa, no âmbito da aprendizagem de nossos estudantes, anuncia o sucesso de nossa ação pedagógica ou anuncia que devemos investir mais em alguns ou em todos eles, a fim de que efetivamente aprendam aquilo que ensinamos e que deveriam aprender e, desse modo, se desenvolver em direção aos conhecimentos, às habilidades e aos valores estabelecidos curricularmente.

No presente capítulo, estudaremos a avaliação da aprendizagem como um recurso pedagógico útil e necessário para nos auxiliar em nossa atividade de ensinar, assim como para auxiliar todos e cada um dos nossos estudantes na busca e na construção de suas aprendizagens pessoais e, pois, na construção de si mesmos e de seu modo de ser e de estar na vida.

A avaliação da aprendizagem é, pois, um recurso investigativo cujos resultados auxiliam a nós professores nas atividades de ensinar e aos estudantes nas atividades de aprender, como também auxiliam aos gestores das instituições de ensino, tendo em vista subsidiar decisões a respeito da ação pedagógica praticada no espaço que administram.

Nos atos diários da vida, constitutivamente, todos nós desejamos obter resultados bem-sucedidos decorrentes de nossa ação. No caso do ensino escolar e universitário, também há necessidade de esse ser o objetivo a nortear nossas ações profissionais como educadores. Afinal, o sucesso de nossa ação de ensinar institucionalmente se expressa através da aprendizagem satisfatória por parte de *todos* os nossos estudantes.

Em nossa jornada de ensino, a avaliação é nossa parceira a nos avisar se estamos sendo bem-sucedidos em nossa ação ou se necessitamos retomá-la, reorientá-la ou ainda, se necessário, refazê-la no seu todo ou em uma ou outra de suas partes, a fim de que obtenhamos os resultados bem-sucedidos que estamos buscando, em relação à aprendizagem de nossos estudantes.

No que se segue, partilhamos com os leitores entendimentos básicos a respeito da prática da avaliação da aprendizagem em nossas instituições de ensino, tendo em vista sua compreensão como uma parceira dos educadores nos atos de ensinar e como uma parceira dos estudantes nos atos de aprender. Importa, pois, que todos nós nos convençamos de que a avaliação da aprendizagem é a parceira a nos avisar a respeito da qualidade dos resultados da ação pedagógica que, como educadores, realizamos nas instituições de ensino nas quais atuamos.

1. COMPREENSÃO EPISTEMOLÓGICA DO ATO DE AVALIAR

1.1. Acolher a realidade com a qualidade com a qual se apresenta

O ato de avaliar, cujo destino é investigar a qualidade da realidade, realiza-se através dos seguintes passos: (a) observar a realidade; (b) descrevê-la; e, de modo subsequente, (c) qualificá-la por meio de sua comparação com um padrão de qualidade assumido como satisfatório.

O destino final dos resultados da investigação avaliativa é subsidiar o gestor de uma ação em suas decisões administrativas. O avaliador investiga a qualidade da realidade; quem decide é o gestor da ação.

A disposição para acolher a qualidade da realidade revelada pela investigação avaliativa necessita estar presente no estado de ânimo do gestor da ação. É ele quem deverá tomar decisões, seja acolhendo a realidade com a qualidade com a qual ela se encontra, seja optando por novas intervenções frente ao desejo da obtenção de resultados mais satisfatórios que aqueles já obtidos e revelados pela investigação avaliativa. Importa que a disposição para acolher a qualidade da realidade seja prévia e ponto de partida para o encaminhamento de toda e qualquer investigação avaliativa. O julgamento antecipado da qualidade da realidade suprime o ato de avaliar propriamente dito, desde que, constitutivamente, ele está comprometido com a investigação da qualidade da realidade como ela se encontra.

Para que possamos assumir a disposição de acolher a qualidade da realidade, importa estarmos atentos a essa possibilidade. Não nascemos com a capacidade do acolhimento. Nós a construímos e a desenvolvemos à medida que estivermos atentos ao modo como convivemos com todos e com tudo que nos cerca. Se, antes de observarmos alguma experiência, a julgamos de modo positivo ou de modo negativo, não seremos capazes de acolhê-la como se apresenta, à medida que, previamente, estaremos julgando-a e classificando-a.

O acolhimento daquilo que está ocorrendo é ponto de partida para nossas decisões e para as consequentes ações. Sem o acolhimento de uma situação com a qualidade com a qual ela se apresenta, não há ponto de partida para nossas subsequentes escolhas e decisões, tendo em vista uma ação adequada.

Com os resultados da investigação da qualidade da realidade em mãos — avaliação —, o gestor da ação terá uma base de dados que, se desejar, subsidiará suas decisões, tendo em vista orientar ou reorientar sua ação.

Nesse contexto, é necessário ter presente que, no cotidiano de nossas vidas individuais, os papéis de avaliador e de gestor da ação são desempenhados pelo mesmo sujeito, que somos nós. A todos os momentos, vinte e quatro horas por dia, nós investigamos a qualidade da realidade e, com base nos resultados dessa investigação, tomamos as sucessivas e necessárias decisões no dia a dia da vida de cada um de nós.

Importa, pois, termos sempre presente que um é o ato avaliativo e outro é o ato de administrar a ação. No caso, quem avalia está a serviço da investigação da qualidade da realidade, e quem administra uma ação está a serviço da busca dos resultados desejados. Desse modo, avaliação e gestão são ações parceiras, contudo, distintas. Podem ser exercidas até mesmo por um único profissional, porém com a consciência de que são ações distintas.

1.2. A prática metodológica do ato de avaliar

Assentado no ponto de partida estabelecido no tópico anterior do presente capítulo, epistemologicamente, o ato de avaliar implica diagnosticar — conhecer — a qualidade da realidade, cujo resultado subsidiará decisões relativas à busca da construção de ações bem--sucedidas.

No âmbito da Teoria do Conhecimento, e, pois, da epistemologia, um diagnóstico é um estudo da qualidade da realidade, cujo resultado subsidiará escolhas e decisões que variarão das mais simples e corriqueiras em nosso cotidiano às mais complexas nos diversos âmbitos administrativos, seja da vida pessoal, seja da vida social e coletiva.

Tendo presentes as observações epistemológicas expostas no tópico anterior do presente capítulo, a seguir iremos nos dedicar a compreender os dois componentes epistemológicos do diagnóstico, que são a constatação da realidade e a sua consequente qualificação.

O primeiro componente constitutivo do ato de avaliar é, pois, a *constatação da realidade* a ser avaliada, tendo por base sua descritiva factual. Constatar significa identificar um objeto de estudo através de suas características essenciais, de sua forma e de seu modo de ser. Um objeto de investigação avaliativa pode ser um bem material, uma pessoa, um grupo social, um espaço, um projeto, uma ação, uma aprendizagem e tudo mais, sempre tendo por base suas características factuais, fator que permite sua descrição. Uma constatação expressa uma configuração factual do objeto de estudo, tendo por base suas características e propriedades.

O ato de avaliar se inicia, pois, pela constatação da realidade a ser avaliada, fator que dá a garantia de que o objeto a ser abordado em sua qualidade é como é. Não há possibilidade de uma consistente prática avaliativa sem essa base factual.

O segundo componente do ato de avaliar é a *atribuição de uma qualidade* à realidade descrita. O ponto de partida do ato avaliativo é a descritiva factual de uma situação, como antes sinalizado, cuja configuração será, a seguir, comparada a um critério ou a um padrão de qualidade assumido como satisfatório. Propriamente, a atribuição de qualidade a uma determinada realidade se dá por sua comparação a um critério de qualidade previamente estabelecido como aceitável e válido. Por meio desse procedimento, a qualidade da realidade avaliada poderá ser considerada positiva, intermediária ou negativa

Em síntese, o objeto a ser avaliado, tendo por base suas características constitutivas, é comparado a um determinado critério de qualidade assumido como válido e aceitável, fator que subsidia sua classificação em satisfatório, mediano ou insatisfatório, ou ainda em padrões de qualidade intermediários a esses três.

1.3. Pano de fundo epistemológico do ato de avaliar

O diagnóstico da qualidade da realidade se dá a partir de um determinado padrão de qualidade assumido como válido para o objeto que estamos avaliando. Um diagnóstico, epistemologicamente, investiga e revela a qualidade de um objeto ou de uma circunstância frente a um critério assumido como válido, e seus resultados investigativos subsidiam escolhas e decisões. Isto quer dizer que as decisões que tomamos, seja através do senso comum, seja por meio do senso crítico, têm sua sustentação em um diagnóstico da realidade, procedimento que revela sua qualidade.

Nesse contexto, cabe perguntar: à medida que um objeto seja qualificado como satisfatório, mediano ou insatisfatório, ou outra qualificação possível, que decisão tomar sobre ele? Desse modo, em síntese, o ato de avaliar investiga e revela a qualidade da realidade e, em consequência, subsidia decisões por parte do gestor da ação. O ato de avaliar oferece exclusivamente um diagnóstico da qualidade de uma situação dada, quem decide a respeito da conduta subsequente a ser praticada é o seu gestor.

A respeito disso, os exemplos são quantitativamente infinitos. Um cozinheiro tomará decisões a respeito do alimento que está preparando com base na sua qualidade; um educador, em sala de aula, tomará decisões diante da qualidade da aprendizagem obtida por seus estudantes; um alfaiate, bem como uma costureira, tomarão decisões adiante da qualidade da roupa que estão produzindo; experiências equivalentes correrão com todos os profissionais em seu âmbito de atuação, tais como um engenheiro, um cirurgião, um pedreiro, e assim no âmbito de todas as atividades. Desse modo, a avaliação cumprirá seu papel epistemológico à medida que estabeleça um diagnóstico da qualidade da realidade e, em consequência, subsidie as decisões que cada ser humano tomará em sua vida cotidiana ou que cada profissional tomará no âmbito sua atividade.

1.4. Sintetizando a compreensão epistemológica do ato de avaliar

Avaliar é o ato pelo qual, através de uma disposição acolhedora, investigamos a qualidade de um objeto, de uma pessoa, assim como dos resultados de uma ação, fator que subsidia escolhas e decisões. Desse modo, a avaliação se apresenta como uma prática subsidiária de decisões relativas a uma ação em busca de sua satisfatoriedade, fator que possibilita uma vida melhor, mais rica e mais plena, em qualquer setor da vida. Afinal, o ato de avaliar constata a qualidade de uma determinada realidade e, desse modo, subsidia escolhas que se deseja serem adequadas, desde que assentadas em dados da realidade presente.

2. UTILIZAÇÃO DOS RECURSOS EPISTEMOLÓGICOS ANTERIORMENTE ESTABELECIDOS NA PRÁTICA DA AVALIAÇÃO DA APRENDIZAGEM NAS INSTITUIÇÕES DE ENSINO

Na sequência do presente capítulo, diante dos tratamentos epistemológicos expostos a respeito do ato de avaliar, buscaremos compreender a prática da avaliação da aprendizagem escolar no cotidiano de nossas atividades de educadores institucionais.

2.1. O acolhimento dos estudantes como ponto de partida para a prática da avaliação da sua aprendizagem

Iniciemos pela necessidade de acolher nossos estudantes. Para processar a prática da avaliação como investigação da qualidade da sua aprendizagem, nós educadores necessitamos dispor-nos a acolher em nossas salas de aula aquilo que está ocorrendo com cada um e com todos os nossos estudantes, em termos da aquisição de conhecimentos e da consequente formação de suas habilidades e de seu modo de ser.

Propriamente, a avaliação no espaço escolar e universitário se dá como uma investigação da qualidade do desempenho de cada estudante individual e do conjunto de todos os estudantes componentes da turma sob nossa responsabilidade.

Certamente que, como educadores, teremos expectativas em relação aos possíveis resultados de nossa atividade docente. Importa, contudo:

1. estarmos disponíveis para acolher aquilo que estiver acontecendo com nossos estudantes e da forma como essa fenomenologia estiver se manifestando, seja de modo positivo, mediano ou negativo;
2. a partir desse ponto, caso os resultados não se manifestem positivos, ter a possibilidade de tomar decisões construtivas através de investimentos na restauração das aprendizagens que ainda não ocorreram de maneira satisfatória;
3. para, então, de modo subsequente, prosseguir para novos conteúdos, à medida que os anteriores já tenham sido assimilados de maneira satisfatória por todos os estudantes com os quais atuamos pedagogicamente.

Nesse contexto, há necessidade, em primeiro lugar, de estarmos disponíveis para o acolhimento de todos e de cada um dos estudantes como seres humanos da forma como se apresentam. E, a seguir, como educadores institucionais, estarmos abertos a acolher o estado de aprendizagem de cada um e de todos os estudantes que se encontram sob nossa responsabilidade, em relação aos diversos conteúdos com os quais estão envolvidos, através de nossa atividade de ensino. Afinal, importa acolhermos nossos estudantes para proceder a prática educativa institucional como um todo, incluindo os atos avaliativos de sua aprendizagem.

Sem acolhimento, como ponto de partida para a relação pedagógica, temos o distanciamento, fator que dificulta o estabelecimento de um efetivo vínculo educativo com nossos estudantes e, pois, construtivo.

O distanciamento psicológico entre nós educadores e nossos estudantes pode se manifestar de muitos modos, desde os mais explícitos até os mais sutis. O distanciamento explícito se dá quando expressamos ao outro ou aos outros, de maneira clara, que estamos nos distanciando deles. Porém, existem modos não explícitos de nos distanciarmos do outro ou dos outros, tal como ocorre quando — só para nós, em nosso interior, sem dizer nada para quem quer que seja — julgamos que um estudante ou um conjunto de estudantes expressa o "tipo de quem dá trabalho".

Esse juízo, por mais interno e silencioso que seja dentro de cada um de nós, se mantido em nosso interior psicológico, estará colocando esse ou esses estudantes fora do círculo de nossas atenções cuidadosas e, em consequência, interferindo em nossa relação pedagógica, ocorra ela de modo individual ou coletivo.

De modo diverso, acolher cada um ou o conjunto de nossos estudantes significa estarmos abertos para recebê-los, fator que nos possibilita compreendê-los para, dialogicamente, oferecer-lhes suporte a fim de que aprendam os conteúdos com os quais atuamos, fator que lhes subsidiará capacitação, formação e consequente desenvolvimento.

Acolher, no caso, significa a possibilidade de abrir espaço para uma relação que poderá conter as diferenças próprias de cada um, e, ao mesmo tempo, conter, de nossa parte, os movimentos de acolhimento, de negociação e de redirecionamento nos seus processos formativos. O distanciamento em relação a um estudante ou a um grupo de estudantes dificulta a possibilidade da relação, e, em consequência, dificulta as possibilidades da prática educativa.

Diversamente, o ato de acolher caracteriza-se por ser amoroso, fator que traz o outro para dentro do nosso círculo de relações, tendo em vista, no caso da educação institucional, as possibilidades de um relacionamento apropriado aos atos de ensinar e de aprender. O acolhimento é ponto de partida para todo e qualquer ato que implique relação e cuidados entre seres humanos, inclusive na prática educativa institucional, espaço no qual importa atenção aos atos avaliativos da aprendizagem dos quais estamos tratando neste escrito.

2.2. Coleta de dados na prática da avaliação da aprendizagem dos estudantes

A avaliação da aprendizagem, tanto na Escola Básica como na Universidade, é um ato investigativo que tem por objetivo identificar a qualidade da aquisição de conhecimentos, habilidades, condutas afetivas, como também psicomotoras por parte dos estudantes. Ela se processa através de uma coleta de dados em torno da aprendizagem *do* ou *dos* estudantes, e de sua consequente qualificação por meio da comparação entre o estado de aprendizagem apresentado e o padrão de qualidade assumido como válido e aceitável; fator que permite ao professor, como gestor da ação pedagógica, tomar decisões que sejam construtivas.

Para praticar os atos avaliativos antes sinalizados, importa servirmo-nos de recursos metodológicos adequados aos atos de investigação relativos à aprendizagem dos nossos estudantes. Nesse contexto, três pontos merecem atenção: (a) a definição dos dados relevantes para a prática da avaliação; (b) a construção de instrumentos adequados para a coleta de dados; (c) a prática da coleta dos dados necessários para o exercício da avaliação. A seguir, uma compreensão relativa a cada um desses três pontos.

Em *primeiro lugar*, no processo de elaboração dos instrumentos de coleta de dados sobre a aprendizagem de nossos estudantes, importa ter presente a definição dos dados relevantes para o ensino-aprendizagem e, consequentemente, para a prática avaliativa de sua aprendizagem. Dados relevantes são os dados essenciais que configuram a realidade que estamos pretendendo investigar.

A investigação avaliativa da aprendizagem na vida escolar e na vida universitária deve assentar-se sobre os dados essenciais que configuram os conteúdos propostos e ensinados pelo professor e que deveriam ter sido aprendidos pelos estudantes. Referem-se, pois, a informações, habilidades, assim como aos valores afetivos e éticos trabalhados no ensino. Afinal, referem-se aos conteúdos essenciais configurados no Projeto de Ensino Institucional assentados em uma Teoria Pedagógica e traduzidos nos Planos de Ensino a serem realizados no decurso das atividades letivas. São esses dados que nos permitirão ter ciência se os nossos estudantes adquiriram de modo satisfatório os conhecimentos, as habilidades, como também as condutas éticas, afetivas e psicomotoras previamente definidos.

Em *segundo lugar*, os instrumentos de coleta de dados para a avaliação da aprendizagem necessitam ser construídos como recursos de investigação que nos auxiliem a configurar o estado da aprendizagem dos nossos estudantes. Para tanto, importa que esses instrumentos sejam:

1. adequados ao tipo epistemológico das condutas e das habilidades que estamos avaliando, tais como capacidade de compreensão, de análise, de síntese, de avaliação e de aplicação dos conteúdos abordados em sala de aula;
2. adequados aos conteúdos essenciais planejados e traduzidos em ensino, tanto no espaço escolar como no espaço universitário;
3. adequados em termos de linguagem, de clareza e de precisão na comunicação. Importa que nossos estudantes compreendam

exatamente aquilo em torno do que estamos lhes solicitando um desempenho;

4. adequados ao processo de aprendizagem. A atividade de responder às questões propostas em um instrumento de coleta de dados para a avaliação da aprendizagem deve servir, ao mesmo tempo, para revelar o aprendido por parte dos estudantes como também reforçar a posse dos conhecimentos e habilidades adquiridos. Responder às questões essenciais de um instrumento de coleta de dados sobre determinado conteúdo de ensino-aprendizagem significa, por parte dos nossos estudantes, confirmar e, ao mesmo tempo, refinar suas aprendizagens.

Quaisquer que sejam os instrumentos de coleta de dados que estivermos a usar — tais como teste, prova, redação, monografia, dramatização, exposição oral, arguição, entre outros —, todos necessitam ser construídos de modo epistemologicamente adequado, sob pena de estarmos qualificando inadequadamente os desempenhos de nossos estudantes. Instrumentos adequados e corretamente elaborados, tendo em vista a coleta de dados para a avaliação da aprendizagem dos estudantes, são condições para uma prática avaliativa satisfatória no espaço das instituições de ensino.

Em *terceiro lugar*, importa estarmos atentos à própria prática da coleta dos dados necessários para a prática da avaliação da aprendizagem. No caso do ensino, os dados coletados para a avaliação da aprendizagem devem subsidiar a descrição do desempenho de cada um e de todos os estudantes que se encontram sob os nossos cuidados pedagógicos. A adequada descrição do desempenho dos estudantes em sua aprendizagem nos oferece uma configuração daquilo que cada um aprendeu, fator que nos auxiliará a aquilatar a qualidade de sua aprendizagem, que poderá ser ajuizada como plena, mediana ou inferior.

A qualidade identificada através dos atos de investigação avaliativa subsidiará nossas decisões a serviço de intervenções na busca da satisfatoriedade da aprendizagem por parte de cada um e por parte de todos os nossos estudantes frente aos critérios de qualidade previamente estabelecidos no Currículo, nos Planos de Ensino e nos Planos de Aula.

2.3. Qualificação dos resultados da aprendizagem dos estudantes no espaço institucional

O passo subsequente à coleta de dados no âmbito do diagnóstico é a qualificação do objeto da investigação avaliativa, tendo por base sua configuração por meio dos dados relevantes coletados, como sinalizamos anteriormente.

Esse segundo passo responde à pergunta: Que qualidade atribuímos à realidade da aprendizagem dos nossos estudantes? Realizada a coleta de dados, importa saber se a aprendizagem manifestada pelo estudante individual ou pelos estudantes tomados coletivamente é satisfatória em relação ao padrão de qualidade assumido como parâmetro de satisfatoriedade.

O juízo de qualidade opera por comparação entre a realidade configurada e um critério ou um padrão de qualidade assumido como válido. Todos os atos de avaliar operam por esse processo metodológico de comparação entre a realidade configurada e o critério de qualificação adotado. Então, a pergunta que subsidia a investigação da qualidade da realidade é: A realidade descrita preenche o padrão de qualidade desejado? E, no caso do ensino, a pergunta é: A aprendizagem revelada pelos estudantes preenche o critério de qualidade adotado?

O padrão de qualidade com qual iremos comparar o estado da aprendizagem dos estudantes sob nossa responsabilidade deve estar estabelecido no Plano de Ensino, que, por sua vez, deve estar sustentado em uma Teoria do Ensino, que, no caso, oferece a nós educadores um quadro de referência para nossa ação, e, desse modo, subsidia também a prática da avaliação da aprendizagem. Sem esse quadro de referências, a avaliação torna-se mecânica.

Caso utilizemos uma Teoria Pedagógica que considera que basta a retenção mnemônica de informações para o desenvolvimento dos estudantes, os dados serão qualificados diante desse parâmetro. Porém, caso a Teoria Pedagógica que estivermos a utilizar tenha em conta que, para o desenvolvimento dos estudantes, importa a formação de suas habilidades de compreender, analisar, sintetizar, avaliar e aplicar conhecimentos, os dados coletados serão qualificados diante dessas variáveis teóricas, assumidas como válidas; o mesmo ocorrerá no que se refere aos aspectos afetivos, psicomotores e éticos.

Assim, para qualificar a aprendizagem dos nossos estudantes no âmbito do ensino, importa, de um lado, ter clara a Teoria Pedagógica que utilizamos como suporte para nossa prática educativa institucional, e, de outro, o Planejamento do Ensino que estabelecemos como guia para nossa ação docente. Sem uma clara e consistente Teoria Pedagógica e sem um satisfatório Planejamento de Ensino, com sua consequente execução, os atos avaliativos serão praticados aleatoriamente, ou seja, sem vínculos efetivos com os conteúdos essenciais planejados e trabalhados na prática cotidiana de ensino.

Realizados os passos antes sinalizados, coleta de dados relativos à aprendizagem dos nossos estudantes e sua qualificação, teremos concluído, de modo apropriado, o diagnóstico avaliativo. Do ponto de vista do ensino escolar e universitário, teremos realizado a qualificação da aprendizagem dos nossos estudantes, assim como teremos, de modo articulado e simultâneo, avaliado nossa própria ação pedagógica, verificando sua efetividade perante os objetivos traçados e desejados.

3. TOMADA DE DECISÃO E AÇÃO COM BASE NOS RESULTADOS DA INVESTIGAÇÃO AVALIATIVA

O que fazer com os resultados do diagnóstico efetuado a respeito da aprendizagem dos estudantes com os quais atuamos? O ato avaliativo da aprendizagem dos nossos estudantes, como já sinalizamos anteriormente, subsidia a tomada de decisão do que fazer com a situação diagnosticada. Caso a situação de aprendizagem diagnosticada seja satisfatória, qual será a nossa conduta? Caso seja mediana ou insatisfatória, qual será nossa conduta?

O ato de avaliar em geral, assim como o ato de avaliar a aprendizagem dos nossos estudantes, encerra-se com a qualificação da realidade investigada, fator que subsidia decisões do gestor da ação, tendo em vista a busca dos resultados desejados decorrentes da ação em andamento. Como já sinalizamos em outras oportunidades nas páginas do presente livro, a tomada de decisão pertence ao gestor da ação, e não ao avaliador.

A avaliação da aprendizagem revela a nós, educadores escolares e universitários, a qualidade do aprendido por parte de cada um, assim como por parte de todos os nossos estudantes tomados no seu conjunto. Desse modo, caberá a nós, como gestores da sala de aula, a tomada de decisão a respeito do que fazer, de como agir diante dos resultados investigativos obtidos.

4. SIGNIFICADO DA AVALIAÇÃO DA APRENDIZAGEM DOS ESTUDANTES

Como educadores institucionais, a avaliação da aprendizagem nos subsidia na busca do sucesso da nossa ação de ensino, tanto no contexto de um espaço didático-pedagógico, como também no espaço social e político. Interessa-nos, pois, a busca dos resultados positivos decorrentes de nossa ação pedagógica. Resultados avaliativos medianos ou negativos indicam a necessidade de novas intervenções do gestor da ação, tendo em vista a obtenção dos resultados satisfatórios desejados e configurados no projeto de ação.

Em síntese, avaliar a aprendizagem dos nossos estudantes implica estarmos disponíveis para acolhê-los no estado em que se encontram em sua formação, tendo em vista, a partir daí, poder auxiliá-los em sua trajetória de aprendizagens, de desenvolvimento e de vida.

A qualidade de vida deve estar sempre posta à nossa frente, norteando a ação pedagógica. Não vale a pena o uso de variados recursos pedagógicos, caso a vida não seja alimentada, tendo em vista o seu florescimento livre, espontâneo e criativo. Nesse contexto, a avaliação da aprendizagem necessita ser compreendida, praticada e utilizada sob a ótica diagnóstica, de tal forma que subsidie decisões relativas aos investimentos na aprendizagem satisfatória por parte de todos os estudantes com os quais atuamos pedagogicamente, tendo como consequência sua formação e seu consequente desenvolvimento.

Por si, a avaliação da aprendizagem, como já temos sinalizado em momentos anteriores deste livro, subsidia decisões de inclusão e, desse modo, oferece ao educador dados que possibilitam investir em uma ação pedagógica eficiente, democrática e amorosa. Dessa forma, haverá liberdade, espontaneidade e busca de eficiência tanto de nossa parte como educadores, como da parte de nossos estudantes como aprendizes. Certamente que não há nem haverá chegada definitiva, mas sim travessia permanente, sempre em busca do melhor resultado relativo à aprendizagem de nossos estudantes, resultado que decorre da ação pedagógica intencionalmente planejada e executada por cada um de nós, assim como pelo conjunto dos educadores.

CAPÍTULO 7
RECURSOS METODOLÓGICOS PARA A PRÁTICA DA AVALIAÇÃO DA APRENDIZAGEM NAS INSTITUIÇÕES DE ENSINO

Nos dois capítulos anteriores, estivemos abordando a configuração e o significado da avaliação da aprendizagem nas atividades de ensino escolar e universitário. No presente capítulo, iremos nos dedicar a abordar a questão dos recursos técnicos para essa atividade pedagógica.

1. INSTRUMENTOS DE COLETA DE DADOS PARA A AVALIAÇÃO DA APRENDIZAGEM

Os instrumentos de coleta de dados são os recursos metodológicos que utilizamos para proceder a múltiplos tipos de investigação e consequente descritiva da realidade. No caso do presente capítulo, interessa-nos tratar dos recursos a serem utilizados nas práticas investigativas a respeito da qualidade da aprendizagem de nossos estudantes no seio das instituições de ensino em que atuamos pedagogicamente. De modo usual, no cotidiano de nossas atividades como professores, denominamos essas práticas de "avaliação da aprendizagem".

1.1. Possibilidades de coleta de dados para a avaliação da aprendizagem

Existem duas possibilidades de coletar dados a respeito da aprendizagem de nossos estudantes decorrentes do ensino: (a) uma através do uso de recursos técnicos de coleta de dados; (b) e a outra, por meio da observação direta daquilo que ocorre com os nossos estudantes.

Iniciemos pela coleta de dados através de *instrumentos tecnicamente elaborados*. Nesse contexto, qual é a função dos instrumentos de coleta de dados na prática da avaliação da aprendizagem dos estudantes nas instituições de ensino?

De modo comum, o uso de recursos de coleta de dados, nas práticas investigativas em geral, tem a função de ampliar a capacidade de observação da realidade por parte do pesquisador, garantindo a possibilidade de estabelecer sua descritiva com base em suas características factuais essenciais. No caso da investigação da qualidade da aprendizagem de nossos estudantes decorrente de nossa prática de ensino, os instrumentos de coleta de dados também ampliam nossa capacidade de observação, revelando-nos aquilo que eles aprenderam em decorrência de nossas atividades pedagógicas, assim como em decorrência de sua dedicação aos estudos.

As respostas dos estudantes às questões componentes dos recursos de investigação de sua aprendizagem — testes, provas, redações... — revelam aquilo que aprenderam, assim como aquilo que não aprenderam. Essa revelação subsidia decisões por parte do educador no sentido de acolher a qualidade da realidade como se encontra, como também, em caso de necessidade, subsidia decisões por mais investimentos na busca da qualidade desejada.

Para exemplificar o entendimento anterior, tomemos um teste elaborado com conteúdos de matemática a ser respondido por estudantes do nono ano do Ensino Fundamental. O teste, no caso, teria vinte questões abordando as aprendizagens essenciais de determinado conteúdo no âmbito da matemática. Ao responder às questões propostas, cada estudante *revelará* a capacidade interna que construiu participando da aulas na instituição de ensino na qual se encontra matriculado, estudando individualmente ou em grupo e, desse modo, aprendendo os conteúdos ensinados.

O teste, como instrumento de coleta de dados a respeito da aprendizagem de um estudante individual ou dos estudantes tomados coletivamente, garante ao avaliador um retrato daquilo que vai pelo interior de cada um[1] decorrente de sua aprendizagem em relação aos conteúdos ensinados. Desse modo, o instrumento de coleta de dados oferece a nós, educadores escolares e universitários, a possibilidade de constatar o nível de aprendizagem dos nossos estudantes decorrente de nossa atividade de ensinar.

A segunda possibilidade de coleta de dados a respeito da aprendizagem dos nossos estudantes está comprometida com a *observação direta e imediata do seu modo de ser e de agir*.

Para isso, nós professores, no papel de avaliadores, necessitaremos estar presentes e atentos às situações no momento em que nosso estudante ou nossos estudantes estão agindo e, dessa maneira, demonstrando seu modo de compreender e de ser, afinal, suas aprendizagens, aquilo que efetivamente vai pelo seu interior. Nessa circunstância, como professores, estando cientes das categorias de dados que desejamos observar, importa estarmos presentes e atentos ao que está ocorrendo no presente com os nossos estudantes.

---

1. Importa estarmos cientes de que o único meio pelo qual poderemos identificar aquilo que cada estudante aprendeu em torno do conteúdo que ensinamos *é a revelação que cada um faz daquilo que vai pelo seu interior*. Sem essa revelação, não temos nem teremos acesso à realidade de sua aprendizagem. Os atos cognitivos e emocionais pertencem a quem os vivencia e somente a própria pessoa pode revelar o que vai pelo seu interior. Os instrumentos de coleta de dados são *um convite* para que cada estudante revele aquilo que aprendeu. Essa observação vale também para a proposição da *observação direta* da conduta dos estudantes da qual trataremos nos parágrafos subsequentes do presente capítulo.

Para melhor compreender essa possibilidade, vamos pensar em uma situação na qual, como professores, estamos a observar diretamente um conjunto de estudantes que estão atuando em grupo. Nesta situação, estaremos nos servindo de nossa percepção para ter conhecimento direto do desempenho de cada estudante individual ou do conjunto de nossos estudantes no cumprimento de suas tarefas. Essa observação estará ocorrendo em torno do comportamento *externo* de cada um ou do grupo de estudantes com os quais nós estivermos atuando, fator que estará revelando aquilo que está ocorrendo *internamente* com cada um individualmente ou com o grupo no seu conjunto.

Nesse contexto, os desempenhos, as condutas dos nossos estudantes, revelam aquilo que ocorreu ou que está ocorrendo em seu interior, e a observação, por nossa parte como educadores, permite-nos interpretar os seus desempenhos de maneira compreensiva, assim como registrar as qualidades presentes na situação observada.

Em síntese, duas possibilidades de coletar dados relativos à aprendizagem de nossos estudantes: uma, através de instrumentos de coleta de dados tecnicamente elaborados, e, outra, por meio da observação direta enquanto agem.

1.2. Instrumentos tecnicamente elaborados de coleta de dados para a avaliação da aprendizagem dos estudantes

Os instrumentos tecnicamente elaborados para a coleta de dados a respeito da aprendizagem dos estudantes podem ser aqueles já existentes — testes padronizados —, assim como outros que podem ser criados por nós que realizamos essa atividade. Testes, questionários de perguntas abertas e fechadas, redações, monografias, arguições orais, tarefas, pesquisas bibliográficas, relatórios de atividades, participações em seminários, apresentações públicas a respeito dos temas de estudo e aprendizagem, todos esses recursos, por si, desde que estruturados com os cuidados técnicos necessários, são úteis para a coleta de dados a respeito da aprendizagem do estudante individual ou dos estudantes tomados coletivamente. Importa que esses recursos garantam a coleta de dados com precisão a respeito daquilo que ocorreu no interior de cada estudante, em termos da aquisição pessoal dos conteúdos, das habilidades, assim como em termos dos valores e condutas trabalhados em sala de aula. Todos esses recursos de coleta de dados necessitam ser elaborados com os cuidados metodológicos necessários, fator que possibilita serem utilizados com eficiência.

Na prática de investigação da qualidade da aprendizagem de nossos estudantes, importa, pois, ter presente sempre: a adequação dos instrumentos de coleta de dados aos objetivos que temos ao praticar os atos avaliativos, assim como sua qualidade técnica como recurso de coleta dados.

1.2.1. Adequação dos instrumentos de coleta de dados aos objetivos da prática avaliativa

Como educadores escolares e universitários, para coletarmos dados relativos à aprendizagem de nossos estudantes em uma determinada área de conhecimentos, importa estarmos com a atenção centrada nos conteúdos essenciais relativos à área cognitiva com a qual nós e nossos estudantes estamos envolvidos, de tal forma que o instrumento de coleta de dados nos viabilize obter os dados específicos que estamos necessitando para proceder à avaliação que estamos a realizar.

Quanto *à adequação dos instrumentos de coleta de dados aos objetivos que temos ao praticar os atos avaliativos,* importa ter presente que nem todo instrumento atende às necessidades que temos nas variadas situações de práticas avaliativas da aprendizagem de nossos estudantes.

Por exemplo, um teste composto por questões de múltipla escolha não é útil para diagnosticar se nossos estudantes têm as habilidades necessárias para redigir um texto. Para ter conhecimento das habilidades redacionais dos nossos estudantes, importa que eles *redijam* variados textos, manifestando sua capacidade de se expressar por meio da escrita de modo adequado e satisfatório. Conduta semelhante pode e deve ocorrer no âmbito de quaisquer outras áreas de conhecimentos.

No nosso caso, como educadores escolares e universitários, para coletarmos dados relativos à aprendizagem de nossos estudantes em uma determinada área de conhecimentos, importa estarmos com a atenção centrada nos conteúdos essenciais relativos à área cognitiva com a qual nós e nossos estudantes estivermos envolvidos, de tal forma que o instrumento de coleta de dados nos viabilize obter os dados específicos que estamos necessitando para proceder a avaliação que estamos a realizar.

O relato de algumas situações auxilia-nos a compreender distorções que podem estar presentes na elaboração de instrumentos para a coleta de dados sobre o desempenho de nossos estudantes em seus estudos e aprendizagens.

Relembrando fatos da vida pessoal que podem dar suporte à compreensão do conteúdo que estamos abordando, quando adolescente, sempre obtive notas altas em Música, porém eu não sei cantar. Então, poderia se pensar que essas notas foram obtidas gratuitamente. O que, de fato, ocorreu foi que meus professores de Música nunca examinaram meu afinamento auditivo e vocal ou minhas possíveis habilidades para o canto. Eles propunham questões vinculadas, de modo exclusivo, à teoria musical, e isso era muito fácil para eu aprender. Até hoje retenho os conhecimentos teóricos que adquiri nessa época sobre teoria musical, porém não sei o que fazer com eles quanto ao seu uso, seja para compor uma música, seja para cantar, seja para tocar um instrumento musical ou para qualquer outra atividade que envolva música. Meus professores, se efetivamente desejavam avaliar minha capacidade de solfejar, cantar ou operar com um instrumento musical, deveriam servir-se de recursos de coleta de dados adequados àquilo que desejavam.

A seguir, mais uma história pessoal para ajudar a compreender a inadequação de um instrumento de coleta de dados para a avaliação da aprendizagem. Em meus estudos no antigo Ginásio[2], quando eu fazia a segunda série nesse segmento de ensino[3], devendo ter em torno de 14 anos de idade, fui estudante em uma disciplina escolar que abordava a História Antiga — Grécia e Roma. Como suporte para nossos estudos, era utilizado um livro didático composto por um resumo de uma obra ampla da autoria do historiador Cesare Cantú, cujo título é *História Universal*.

O resumo dessa obra utilizado pelo meu professor de História como livro didático fora elaborado e publicado por Jonathas Serrano, um autor brasileiro que produziu essa obra com o objetivo de subsidiar estudantes ginasianos em sua formação acadêmica. Como sua obra era composta por um resumo de uma obra mais ampla e complexa, o autor adicionou às páginas do livro didático muitas notas de pé de página, tendo em vista sinalizar os conteúdos que tinham importância histórica, porém, que não valiam a pena serem estudados por adolescentes de 13, 14 anos de idade.

No caso, as aulas do meu professor estavam comprometidas com o conteúdo exposto nas páginas do resumo da obra de Cesare Cantú; porém, a primeira prova realizada por ele continha muitas perguntas elaboradas a partir dos conteúdos das *notas de pé de página* presentes no texto adotado como livro didático. Todos nós, estudantes da disciplina trabalhada por esse meu ex-professor, tivemos desempenhos

---

2. Os estudos ginasiais — etapa de formação institucional pós-Escola Primária no passado do Sistema Educacional no Brasil — correspondem hoje ao Ensino Fundamental II, do 6º ao 9º anos.

3. A segunda série do antigo Ginásio corresponde em nosso atual Sistema de Ensino ao sétimo ano do Ensino Fundamental II.

insatisfatórios e, por isso, obtivemos menções — notas numéricas — baixas.

Meu professor, na referida situação, produziu um conjunto de questões supostamente comprometidas com os conteúdos ensinados, mas só supostamente, desde que ele nos ensinou os conteúdos impressos no espelho das páginas do livro adotado como Manual de Estudos, porém, elaborou as questões da prova com os conteúdos das notas de pé de página presentes nesse referido texto. Esse meu ex-professor nunca soube se nós havíamos estudado e aprendido os conteúdos históricos que ele havia ensinado, desde que ensinou os conteúdos registrados nas páginas do livro, porém elaborou perguntas a respeito dos conteúdos contidos nas notas de pé de página da publicação, sem que tivesse recomendado a nós que estudássemos também as informações contidas nas referidas notas. Desse modo, tendo em vista a intenção de diagnosticar a aprendizagem dos seus estudantes, esse meu ex-professor construiu e utilizou um instrumento inadequado do ponto de vista do conteúdo daquilo que efetivamente fora ensinado em sala de aula.

Outras situações podem ocorrer, no que se refere à inadequação de instrumentos de coleta de dados para a avaliação da aprendizagem. Citamos, a seguir, um exemplo dado por uma professora no momento de interlocução entre conferencista e público ao final de uma conferência sobre o tema da "Avaliação da aprendizagem". Ela fez o seguinte depoimento:

> "Em uma prova que elaborei, pedi aos estudantes: Retirem do texto os nomes de instrumentos musicais e, em seguida, separem e contem as sílabas". "De fato — acrescentou a professora —, eu estava buscando saber se eles haviam aprendido o conteúdo relativo à silabação".
> E, então, agregou mais o seguinte comentário: "Uma aluna retirou do texto alguns nomes que não eram de instrumentos musicais, porém separou e contou as sílabas de modo correto". E prosseguiu: "Considerei

correta a resposta da estudante, levando em conta o conteúdo construção silábica, que fora o conteúdo abordado em sala de aula".

E, findando sua partilha, acrescentou: "Houve questionamentos em minha escola por essa atitude que tomei em relação ao desempenho dessa estudante relativo à sua aprendizagem. De fato, eu solicitei duas condutas em uma mesma questão, sendo que havia ensinado silabação e desejava saber se os estudantes haviam adquirido domínio no que se refere a esse conteúdo. A identificação de instrumentos musicais citados no texto não foi conteúdo de ensino diretamente praticado por mim. O que, de fato, desejava saber era se meus estudantes haviam aprendido *silabação*".

Observar que na questão proposta aos estudantes exigia-se a manifestação de duas condutas cognitivas diversas: (a) identificação de instrumentos musicais e (b) silabação. À medida que a professora estava interessada em saber se eles haviam aprendido silabação — conteúdo por ela ensinado —, não havia necessidade de exigir a identificação de instrumentos musicais. Com mais cuidado, na correção da atividade realizada pelos estudantes, a professora levou em conta exclusivamente o desempenho no que se referia à silabação. Com essa conduta, superou a inadequação da questão por ela formulada, que exigia dos estudantes a posse de um conhecimento desnecessário para a prática da silabação. À medida que desejava saber se seus estudantes haviam aprendido silabação, não havia necessidade de investigar se também haviam aprendido as denominações dos instrumentos musicais registradas no texto que lhes fora entregue.

O questionamento apresentado por seus pares profissionais em relação à sua conduta não levou em consideração o cuidado que ela teve relativamente ao que solicitou e àquilo que a estudante respondeu. O que ocorreu foi que, em tempo e em silêncio, a referida professora tomou consciência do equívoco praticado, assumiu o desvio e o corrigiu.

Concluindo, importa observar que existem variadas maneiras pelas quais é possível introduzir nuances em um instrumento de coleta de dados para a avaliação do desempenho de nossos estudantes em sua aprendizagem que *não* deveriam se fazer presentes. Cada um de nós, educadores, pode e deve estar atento ao fato de que, para praticar a avaliação da aprendizagem, importa construir instrumentos que solicitem aos nossos estudantes exclusivamente os dados necessários para proceder a esse ato pedagógico, sempre tendo presentes, de modo exclusivo, os conteúdos, as habilidades e os valores essenciais *trabalhados em sala de aula*. Conteúdos paralelos podem ser ilustrativos, assim como podem ampliar o lastro cultural de nossos estudantes, porém, importa ter presente que eles, com essas características, não compõem os conteúdos essenciais que ensinamos.

A atenção crítica abrangente será recurso fundamental para mantermos os cuidados necessários ao coletarmos os dados para a prática da avaliação da aprendizagem dos nossos estudantes. Para isso, importa sempre ter presente que os instrumentos de coleta de dados para a avaliação da aprendizagem são recursos investigativos necessários e úteis para o seu diagnóstico, e, em função disso, devem ser elaborados com os cuidados metodológicos necessários.

1.2.2. Qualidades técnicas necessárias dos recursos de coleta de dados para a avaliação da aprendizagem dos estudantes

Serão necessários cuidados para que um instrumento de coleta de dados a respeito da aprendizagem de nossos estudantes apresente as qualidades que referenciamos a seguir[4].

---

4. Sobre orientações para a construção de instrumentos para a coleta de dados tendo em vista a avaliação da aprendizagem de nossos estudantes, existem muitas obras no mercado livreiro que ensinam detalhadamente como proceder à elaboração de instrumentos de coleta de dados epistemologicamente adequados, com vista à avaliação da aprendizagem. Além da

A — Planejamento de um instrumento de coleta de dados para a avaliação da aprendizagem

Importa sempre ter presente que um instrumento de coleta de dados para investigar a qualidade da aprendizagem dos nossos estudantes necessita ser planejado. Isso significa que como construtores do instrumento deveremos, previamente à sua confecção, estabelecer um plano para sua composição, fator que exige que levemos em consideração os aspectos mencionados a seguir.

Em *primeiro lugar*, é preciso fazer um levantamento dos conteúdos essenciais em torno dos quais os estudantes deverão manifestar sua aprendizagem, ou seja, importa ter clareza sobre as informações, as habilidades, os procedimentos metodológicos e as atitudes que os estudantes necessitam manifestar, tendo em vista revelar que aprenderam o essencial dos conteúdos trabalhados em sala de aula.

No caso, devem ser levados em conta exclusivamente os conceitos e as habilidades essenciais estabelecidos nos Currículos escolares e universitários, traduzidos nos Planos de Ensino e praticados em sala de aula; conteúdos que devem ter sido ensinados pelo professor e aprendidos pelos estudantes através das atividades em sala de aula. Importa estarmos atentos a todos os tópicos essenciais relativos à área de conhecimento com a qual estivermos atuando.

Vamos exagerar em um exemplo para que essa exigência fique suficientemente configurada: um aprendiz de piloto está em uma escola de pilotagem de avião comercial de passageiros. Após as aulas, estudos e aprendizagens, ele apresentou o seguinte desempenho:

(a) a respeito da habilidade de "decolar o avião", respondeu corretamente a todas as questões propostas e obteve a nota 10;

---

bibliografia referenciada ao final deste livro, o leitor poderá identificar e consultar outras obras em bibliotecas físicas ou nos canais de internet.

(b) a respeito da habilidade "fazer o voo de cruzeiro", que é o voo entre a decolagem em um determinado aeroporto e o início dos encaminhamentos do seu pouso em outro aeroporto, respondeu corretamente às questões e obteve nota 10;

(c) e, finalmente, a respeito da habilidade relativa ao ato de "aterrissar a aeronave", respondeu às questões de modo insatisfatório e obteve nota 2.

No caso, a um piloto não basta saber decolar um avião e, a seguir, realizar o voo de cruzeiro; importa também ter a posse da habilidade necessária para pousá-lo. Se, nessa situação, o ato avaliativo estivesse incidindo exclusivamente sobre os dois primeiros conteúdos indicados, diríamos que o estudante já estaria detendo as habilidades necessárias a um bom piloto. Todavia, incluindo o terceiro item, observaremos que ele necessita aprender de modo adequado mais uma terceira habilidade: pousar a aeronave.

Importa, pois, ao investigar a qualidade do desempenho de um estudante em sua aprendizagem, ter presente todos os conteúdos essenciais e não um ou outro aspecto salteado. Os conteúdos essenciais são aqueles que cobrem de modo adequado o desempenho de uma determinada conduta e, por isso, devem ser aprendidos no seu conjunto e no nível de desenvolvimento no qual se encontra o estudante.

A compreensão anterior nos leva a questionar a prática das *médias de notas*, da forma como — de modo comum — tem sido praticada em nossas instituições educativas escolares e universitárias.

Através da prática usual das médias de notas presentes em nossas instituições de ensino, o aprendiz de pilotagem exemplificado seria aprovado com os desempenhos relatados, ou seja, 10 + 10 + 2 = 22, que dividido por 3 resulta na média 7.3 (sete ponto três). No caso, uma nota de aprovação no contexto cotidiano de nossas instituições de ensino, à medida que essa referida média de notas está acima do

5,0 (cinco), média comum de aprovação em nosso sistema formal de ensino. Esse estudante estaria aprovado, mesmo sem deter uma das três habilidades essenciais para o seu exercício profissional.

Em *segundo lugar*, para uma adequada prática de investigação da qualidade do desempenho de nossos estudantes em sua aprendizagem, importa selecionar, de modo articulado com os conteúdos essenciais estabelecidos, os tipos de atividades — questões componentes de um teste — que podem criar as condições para que os estudantes manifestem sua aprendizagem. A respeito disso, vale estarmos atentos aos seguintes aspectos, entre outros:

(a) perguntas elaboradas segundo o modelo "verdadeiro/falso" permitem que o estudante manifeste o que ele precisa manifestar como aprendizagem?

(b) questões de "múltipla escolha", com cinco opções, possibilitam que o estudante expresse o saber adquirido no âmbito do conteúdo que estamos querendo avaliar?

(c) são necessárias "questões abertas" para que o estudante possa expressar livremente o que pensa, sente, seus entendimentos pessoais...?

(d) questões de "asserção/razão" devem estar presentes no instrumento de coleta de dados que estamos construindo?

(e) questões de "correspondência entre colunas", questões de "preenchimento de lacunas", questões que solicitam expressão escrita, redação;

(f) e tantas outras.

Enfim, importa servirmo-nos dos tipos de questões que conduzam nossos estudantes a manifestar sua aprendizagem a respeito dos conteúdos essenciais ensinados e em torno dos quais importa efetivamente investigar a qualidade de sua aprendizagem, tendo em vista, se necessário, proceder a sua reorientação.

Em síntese, na elaboração de instrumentos de coleta de dados para a avaliação da aprendizagem há necessidade de levarmos em consideração as atividades que — sendo executadas — revelam o desempenho dos estudantes que necessitamos constatar; ou seja, a qualidade do desempenho configurado no planejamento estabelecido como guia para as atividades de ensino sob nossa responsabilidade.

B — **Elaboração das questões para compor o instrumento de coleta de dados a respeito da aprendizagem dos estudantes**

Com as definições anteriormente indicadas, cabe elaborar as questões e as situações-problemas que convidarão os estudantes a manifestarem sua aprendizagem relativa aos conteúdos abordados em sala de aula. Ao elaborar questões e situações-problemas que comporão o instrumento de coleta de dados, importa estarmos atentos aos cuidados expostos a seguir. As questões:

(a) devem apresentar o mesmo nível de dificuldade dos conteúdos ensinados em sala de aula, nem mais difícil nem mais fácil;

(b) devem apresentar o mesmo nível de complexidade dos conteúdos trabalhados no ensino. Não se deve ensinar algo em um nível simples e, a seguir, solicitar ao estudante um desempenho em um nível complexo, ou vice-versa;

(c) devem estar elaboradas sob as mesmas perspectivas metodológicas utilizadas no ensino dos conteúdos em sala de aula.

Por exemplo, um professor de História deve elaborar questões com a mesma metodologia da qual se serviu na prática de ensino. Se ensinou História usando como base metodológica as relações de produção e as relações de poder, agora, no instrumento de coleta de dados para a avaliação, tendo em vista elaborar as questões a serem respondidas pelos estudantes, deverá servir-se da mesma proposição metodológica. O mesmo deve ocorrer em outras disciplinas.

Nesse contexto, vale observar que não se pode nem se deve servir-se de uma metodologia para o ensino e de outra para a elaboração de questões, tendo em vista compor um instrumento de coleta de dados para a avaliação. Caso ocorra a elaboração de questões com a divergência sinalizada, importa ter ciência de que esse modo de agir dificulta excessivamente a vida dos estudantes, exigindo deles conhecimentos e habilidades dos quais não nos servimos nas atividades de ensino, e, por outro lado, não nos revelarão o efetivo resultado de nossa ação pedagógica em sala de aula;

(d) as questões devem ainda estar construídas em uma linguagem clara e compreensível. Perguntas incompreensíveis para o estudante impossibilitam respostas adequadas. Sem entender o que se pergunta, dificilmente alguém poderá responder a alguma coisa com adequação. Por vezes, ao elaborar as questões e situações-problemas para compor um instrumento de coleta de dados para a avaliação da aprendizagem dos estudantes, utilizamos uma linguagem mais complexa que a usada em sala de aula, fator que dificulta sua compreensão em relação àquilo que estamos solicitando;

(e) as questões devem ter precisão. Questões e situações-problemas elaboradas para compor um instrumento de coleta de dados para a avaliação da aprendizagem exigem um contorno definido. Perguntas como — "O que fez D. Pedro I?" — são genéricas e sem nenhuma precisão; fator que pode conduzir o estudante a responder àquilo que desejar. Diz-se que um estudante deu a seguinte resposta a essa referida pergunta: "D. Pedro I fez D. Pedro II". Enfim, nos instrumentos de coleta de dados importa expor com clareza e precisão os conteúdos em torno dos quais solicitamos que os estudantes manifestem sua aprendizagem;

(f) por último, as questões postadas em um instrumento de coleta de dados a respeito da aprendizagem de nossos estudantes devem solicitar o seu desempenho e, ao mesmo tempo, ajudá-los a sedimentar seus conhecimentos e suas habilidades. Nesse contexto, vale ter presente que nós podemos e devemos elaborar questões, situações-problemas ou servir-nos de quaisquer outros recursos investigativos da aprendizagem de nossos estudantes que os subsidiem a revelarem aquilo que aprenderam, assim como subsidiem a sedimentar suas compreensões. Nesse sentido, as questões e situações-problemas que vierem a compor nossos instrumentos de coleta de dados para a avaliação da aprendizagem devem assemelhar-se aos exercícios que nós utilizamos na sala de aula para ensinar e para aprender.

Assim, as questões componentes dos instrumentos de coleta de dados para a avaliação da aprendizagem, à medida que forem respondidas, devem ter a possibilidade, de um lado, de revelar a aprendizagem dos nossos estudantes e, de outro, ao respondê-las, sedimentar seus conhecimentos, suas habilidades, como também os valores ensinados e aprendidos. Desse modo, não vale a pena formular *quaisquer* questões; importa, sim, que sejam *perguntas fundamentais* relativas aos conteúdos com os quais atuamos no seu ensino.

C — Organização das questões em um instrumento de coleta de dados para a avaliação da aprendizagem

Uma recomendação importante refere-se à necessidade de organizar as questões e situações-problemas componentes do instrumento de coleta de dados a respeito da aprendizagem de nossos estudantes por blocos de conteúdos, tendo por referência as unidades de conteúdos abordados em sala de aula ou através de estudos orientados, de tal forma que, ao oferecer respostas ao que solicitamos, nossos estudantes possam mostrar sua aprendizagem e, ao mesmo tempo, ressistematizar os conhecimentos, as habilidade e os valores ensinados e aprendidos.

Quando os conteúdos abordados em um instrumento de coleta de dados para a avaliação da aprendizagem são fragmentados e, desse modo, apresentados em vários espaços do mesmo instrumento, não ajudam os estudantes a estabelecerem uma sistematização pessoal, como também não ajudam no estabelecimento de uma síntese dos conteúdos ensinados, estudados e aprendidos.

Por exemplo, questões relativas aos antecedentes da Revolução Francesa devem estar alocadas juntas em um teste. Se essas questões estiverem juntas, tal como 1ª, 2ª, 3ª... perguntas de um teste, os estudantes, ao respondê-las, sedimentarão a compreensão de que esses referidos tópicos de conteúdos formam um todo e, assim, dinamicamente os sistematizarão para si mesmos. Nessa situação, temos que ter a certeza de que nossa função, ao avaliar, é criar condições para que nossos estudantes expressem sua aprendizagem e, ao mesmo tempo, a sedimentem.

Segue um exemplo que pode ser esclarecedor a respeito do que foi expresso. Em um teste que aborde o "Descobrimento do Brasil", as questões sobre os antecedentes desse evento histórico devem estar organizadas por blocos: um bloco integra as questões relativas à viagem de descoberta e relativas aos seus marinheiros em busca das novas terras; outro bloco estará comprometido com as questões relativas à chegada e à posse da terra; e desse modo em diante. Ao responder a cada bloco de questões, os estudantes estarão demonstrando aquilo que aprenderam e, ao mesmo tempo, sedimentando cognitivamente um senso integrado a respeito dos conteúdos estudados.

Conduta semelhante necessita estar presente nas atividades avaliativas relativas à aprendizagem dos variados conteúdos escolares e universitários com os quais atuamos no ensino.

2. APLICAÇÃO DOS INSTRUMENTOS DE COLETA DE DADOS EM SALA DE AULA

Após planejados, elaborados de modo metodologicamente adequado e editados, os instrumentos de coleta de dados — sejam eles quais forem — serão utilizados para a obtenção de dados a respeito da aprendizagem dos nossos estudantes. Em seu uso, alguns cuidados devem estar presentes.

2.1. Uso dos instrumentos de coleta de dados para a avaliação

Os instrumentos de coleta de dados para a avaliação da aprendizagem, sejam eles quais forem, devem ser utilizados criteriosamente. Com isso, estamos lembrando aos educadores escolares e universitários que o uso desses instrumentos tem por objetivo coletar dados, tendo em vista um *diagnóstico da aprendizagem* dos estudantes. Dados que nos permitirão constatar a qualidade do seu desempenho em sua aprendizagem, fator que, por sua vez, nos subsidiará — se necessário — proceder a reorientações específicas de suas aprendizagens.

2.2. Chegada à sala de aula

Os estudantes, de maneira usual, no dia marcado para a coleta de dados relativos à avaliação da aprendizagem, em função de nossas heranças socioculturais, já se encontram com algum percentual de ansiedade. Então, nesse contexto, a melhor atitude de nossa parte como educadores será manter com eles uma postura psicológica amistosa. Conversar um pouco, para reduzir as ansiedades; distribuir e apresentar o instrumento de coleta de dados a respeito de sua aprendizagem, seja um teste, seja qualquer outro recurso que esteja sendo utilizado.

Importa estarmos atentos e acolhedores para dirimir suas dúvidas, tanto previamente como no decurso da aplicação e uso do instrumento de coleta de dados do qual estivermos nos servindo.

2.3. Acompanhamento dos estudantes no período destinado a responder às questões propostas através do instrumento de coleta de dados

No decurso da coleta de dados para a avaliação da aprendizagem, importa — como educadores — assumirmos uma postura acolhedora em relação aos nossos estudantes, a fim de reduzir suas ansiedades. Pedagogicamente, é importante acompanhá-los e, se necessário, dirimir suas dúvidas a respeito do recurso de coleta de dados que estivermos utilizando. Nessa situação, não falar alto com o estudante que estiver estabelecendo a interlocução, a fim de não perturbar os seus pares que se encontram investidos na mesma tarefa de responder às questões presentes no instrumento de coleta de dados.

Como educadores, importa sempre sermos parceiros dos estudantes em seu processo de formação. Ocupamos o lugar de quem ensina e, pois, de quem cuida para formá-los como cidadãos sadios. Cuidados a serem realizados por meio de sinalizações cordiais e amorosas. Ajudá-los a compreender que suas tarefas realizadas são suas obras de arte e, desse modo, necessitam cuidar delas o melhor que possam. Se nós não lhes ensinarmos isso, como aprenderão a agir com essa qualidade?

Devemos estar atentos a tudo aquilo que os estudantes nos apresentem. Vale verificarmos o seu desempenho nas tarefas que propomos e, se necessário, auxiliá-los a compreender aquilo que estamos solicitando, para manifestarem sua aprendizagem. Por meio das tarefas realizadas, podemos ter ciência da satisfatoriedade da sua aprendizagem.

3. RECOLHIMENTO, CORREÇÃO E DEVOLUÇÃO DOS INSTRUMENTOS DE COLETA DE DADOS RELATIVOS À AVALIAÇÃO DA APRENDIZAGEM

3.1. Recolhimento e correção dos instrumentos de coleta de dados

À medida que os estudantes concluam suas tarefas, importa recolhê-las e verificar a sua correção em relação à adequação das respostas aos conteúdos abordados, olhando-as como suas obras de arte. E, então, se necessário, será fundamental proceder a reorientações até que consigam aprender tanto os conteúdos como as habilidades definidas como metas dos nossos atos de ensinar no espaço educativo institucional. O que importa é que nossos estudantes aprendam os conteúdos praticados no ensino, tendo em vista cada um tornar-se um cidadão senhor de si, condição para bem viver consigo mesmo e com os outros na vida social.

3.2. Devolução dos resultados

Devolver para cada estudante seu teste, seu escrito, seu desenho, afinal, a sua tarefa já corrigida, com as sinalizações tanto em relação a seus acertos e aspectos positivos, assim como em relação às suas fragilidades, a fim de que possam verificar aquilo que efetivamente aprenderam como também aquilo que ainda necessitam aprender ou melhorar, tendo em vista um desempenho mais satisfatório que aquele já conquistado.

Depois de corrigidos e anotados, entregar a cada estudante os recursos — testes, redações, desenhos... — utilizados para a investigação avaliativa da sua aprendizagem. Esse ato representa uma possibilidade de nos aproximarmos de cada um e de todos os estudantes com os quais atuamos pedagogicamente.

Após devolver, comentar tanto aquilo que ocorreu de positivo, como também aquilo que ocorreu de negativo, porém sempre sem entrar em desqualificações. Perguntar aos estudantes aquilo que eles não compreenderam. Reorientar as aprendizagens que ainda não conseguiram processar. Propor novas tarefas ou exercícios que possam ser realizados de modo individual ou em grupos, contexto no qual aqueles que aprenderam auxiliam aqueles que ainda não aprenderam, tendo em vista sua efetiva aprendizagem e sua consequente formação.

Vale observar que não há necessidade de ocorrer um reensino completo *de todos os conteúdos* da unidade de estudo em avaliação, mas somente os pontos nos quais as aprendizagens manifestaram-se insatisfatórias. As respostas dadas pelos estudantes às questões componentes dos instrumentos de coleta de dados para a avaliação da aprendizagem nos revelam os conteúdos em torno dos quais ainda existem carências cognitivas e nos quais necessitamos investir mais.

4. MAIS ALGUMAS OBSERVAÇÕES

4.1. *Fatores intervenientes na aprendizagem*

Importa observar que, no processo de avaliação da aprendizagem, necessitamos ter presente o fato de que a realidade é complexa. Um estudante que não tenha apresentado uma resposta esperada a uma determinada questão que propusemos — através do instrumento de coleta de dados — pode ser julgado como não tendo estudado, como se não fosse interessado ou coisa semelhante, todavia, muitos outros fatores podem estar presentes nessa situação, por exemplo:

- Será que as aulas que nós realizamos foram bem conduzidas, seja em termos do conteúdo, da didática, do relacionamento com os estudantes?

- Será que o espaço e o tempo disponibilizados para o ensino-aprendizagem foram suficientemente adequados para cada um, assim como para todos os estudantes com os quais atuamos?
- Será que estivemos atentos à necessidade de nossos estudantes terem a posse dos pré-requisitos necessários à aprendizagem dos conteúdos com os quais atuamos no ensino?
- Será que o material didático por nós utilizado foi adequado para o ensino-aprendizagem de determinado conteúdo trabalhado em sala de aula?
- A administração da instituição de ensino na qual atuamos tem estado atenta às suas necessidades físicas e administrativas, a fim de que nossas aulas possam funcionar a contento?
- Será que as políticas públicas da educação têm favorecido um ensino e uma aprendizagem satisfatórios?

Afinal, são muitas as variáveis intervenientes que atuam para que as aprendizagens escolares e universitárias se deem da forma satisfatória e desejada. Desse modo, se necessário, desejando melhorar o nível da aprendizagem dos nossos estudantes, importa estarmos atentos ao conjunto de fatores intervenientes, seja no ensino, seja na aprendizagem, e proceder às reorientações necessárias, pois o que importa é que aprendam e se desenvolvam.

Nesse contexto, vale observar que a prática pedagógica, por si mesma, nem sempre conseguirá dar conta de todos os fatores intervenientes na aprendizagem dos nossos estudantes, pois alguns deles ultrapassam o âmbito de nossa atuação em sala de aula, tais como fatores administrativos, organizacionais, políticos. Porém, mesmo diante desse quadro complexo, importa investir na sala de aula o melhor que pudermos, para que nossos estudantes aprendam e, dessa forma, se desenvolvam como seres humanos e como cidadãos.

4.2. A prática da avaliação da aprendizagem de nossos estudantes

No contexto da avaliação da aprendizagem dos nossos estudantes, devemos estar atentos à questão do uso dos recursos — testes, redações, atividades coletivas... — que nos subsidiam na obtenção dos dados de que necessitamos para ajuizar a sua qualidade.

Existem variados modelos ou desenhos funcionais que orientam a aplicação dos instrumentos de coleta de dados para avaliação da aprendizagem. Eles indicam os momentos em que devemos proceder à investigação avaliativa. Contudo, vale observar que, para uma específica e significativa prática de avaliação da aprendizagem nas instituições de ensino, o ideal epistemológico é o seu uso processual, como propõe a Lei de Diretrizes e Bases da Educação Nacional.

A termo, *processual* expressa que a avaliação deve ser contínua, permanente, todos os dias e todas as horas, cujo objetivo será subsidiar decisões construtivas que garantam a aprendizagem de todos os nossos estudantes. Esse é o ideal para a prática constante da avaliação da aprendizagem em nossas instituições de ensino, sejam elas escolares ou universitárias.

Nesse contexto, podemos usar um modelo misto de ação quanto à avaliação da aprendizagem dos nossos estudantes, de um lado, exercitando essa prática no decurso do processo ensino-aprendizagem, e, de outro, praticando-a em momentos definidos ao longo do período letivo, por exemplo, ao final de cada mês ou ao final de cada dois meses de aula, ou outro padrão de periodização que se manifeste adequado para cada situação. Desse modo, praticaríamos atos avaliativos tanto contínuos como pontuais.

Com isso, estamos indicando que, no decurso de um período letivo, poderíamos *diariamente* executar sondagens das aprendizagens dos nossos estudantes com imediata reorientação, e, de *modo somativo*, poderíamos também praticar atos avaliativos periódicos.

Tomando por base essas duas proposições, de um lado, poderíamos, *diariamente*, ao final de cada aula, por exemplo, perguntar aos nossos estudantes: Quais foram os principais temas estudados no dia de hoje? Ou ainda solicitar que, em uma folha de papel, indiquem os temas estudados no dia e quais dificuldades surgiram em relação a eles. Ou coisa semelhante.

Com esses dados em mãos, no início da aula seguinte, podemos retomar sucintamente os conteúdos da aula anterior e dialogar com os estudantes a respeito das dificuldades registradas no encerramento da aula anterior. Afinal, essa seria uma possibilidade de sanear constantemente as dificuldades emergentes em relação à aprendizagem entre nossos estudantes, para garantir sua efetiva aquisição de conhecimentos, de habilidades, valores e sua consequente formação. Desse modo, o ato avaliativo estaria sendo utilizado como nosso parceiro no cotidiano do ensino, avisando-nos a respeito do nível de aprendizagem de nossos estudantes, assim como de suas dificuldades.

De outro lado, *ao final de um bimestre letivo* — ou de outro período previamente estabelecido —, poderíamos proceder pontualmente ao uso de um instrumento mais extenso e mais sistemático de coleta de dados para a avaliação da aprendizagem dos nossos estudantes, no qual seja levado em consideração todos os conteúdos essenciais pedagogicamente trabalhados no período. Prática que possibilitará ao educador, assim como aos próprios estudantes, ter uma percepção a respeito da qualidade de todas as aprendizagens ocorridas no decurso do determinado período escolar ou universitário no qual estivermos atuando.

Desse modo, usando denominações de Daniel Stufflebeam, a avaliação constante será *processual*, e a avaliação praticada ao final de um período letivo terá a característica *somativa*. Afinal, um modelo misto, que possibilitaria estarmos atentos à construção cotidiana da aprendizagem por parte dos nossos estudantes, assim como estarmos atentos aos dados relativos a um determinado período letivo.

Importa — caso queiramos efetivamente estar trabalhando com avaliação da aprendizagem — ter presente que a prática avaliativa realizada ao final de uma unidade de ensino não pode nem deve ser tomada como um exame final, seja, por exemplo, de bimestre, de semestre ou de ano letivo. Ela deverá ser utilizada como oportunidade de um diagnóstico sobre um conjunto de aprendizagens ocorridas entre os estudantes que se encontram sob nossa responsabilidade pedagógica em um determinado período de ensino.

A prática avaliativa será uma oportunidade de diagnosticar a satisfatoriedade ou a insatisfatoriedade dos resultados da aprendizagem de nossos estudantes, tendo em vista, se necessária, sua reorientação, à medida que o que importa é que cada estudante individual e todos de uma referida turma, simultaneamente, aprendam os conteúdos estabelecidos para o período letivo e, dessa forma, possam desenvolver-se de modo cognitivo, afetivo, social e psicomotor. A aprovação é consequência da aprendizagem satisfatória, por isso, importa investirmos na aprendizagem de *todos* os nossos estudantes.

5. CONSIDERAÇÕES FINAIS EM TORNO DAS QUESTÕES METODOLÓGICAS RELATIVAS À AVALIAÇÃO DA APRENDIZAGEM DOS ESTUDANTES

5.1. Sobre o uso de instrumentos de coleta de dados

Para praticar a avaliação da aprendizagem em nossas atividades de ensino, tanto podemos continuar a utilizar os instrumentos dos quais temos nos servido em nossas experiências escolares e universitárias cotidianas, como também podemos nos servir de novos recursos investigativos. Sempre, porém, com a clareza de que, em ambas as situações, é importante que os recursos utilizados na coleta de dados a respeito da aprendizagem de nossos estudantes tenham sido elaborados com a necessária adequação epistemológica e técnica e sejam utilizados de modo adequado, como cabe em uma prática avaliativa da aprendizagem, fenomenologia abordada em capítulos anteriores deste livro.

No caso, a questão fundamental tem a ver com nossa compreensão a respeito do ato avaliativo do desempenho de nossos estudantes em sua aprendizagem, como também com nossa postura na construção e no uso dos instrumentos de coleta de dados relativos a essa fenomenologia.

5.2. Sobre o uso diagnóstico e probatório dos resultados da investigação avaliativa

Vale sinalizar que os dados coletados podem ser utilizados tanto para atender ao diagnóstico, momento a momento, da qualidade da aprendizagem dos estudantes, como para atender aos procedimentos periódicos probatórios institucionalmente estabelecidos. A finalidade do uso do recurso investigativo a respeito da qualidade da aprendizagem de nossos estudantes dependerá do objetivo e do momento da ação pedagógica em que estivermos nos servindo dele.

Contudo, importa manter sempre a clareza a respeito da diferença entre o uso dos dados relativos à aprendizagem dos estudantes de modo diagnóstico e de modo probatório. Vamos tentar exemplificar. Tomemos um teste de vinte questões. Após sua aplicação e correção, descobrimos que o desempenho de determinado estudante ficou configurado da seguinte forma: 15 acertos e 5 erros.

Sob a *ótica probatória*, esses dados podem ser lidos da seguinte maneira: 15 questões certas, em um total de 20, significa 75% de acertos. O que é uma boa média, ou seja, o estudante que atingiu esse padrão de conduta manifestou satisfatoriedade de desempenho relativo à sua aprendizagem em ¾ das questões propostas. A qualidade da aprendizagem desse estudante — segundo o modelo numérico de anotação do qual temos nos servido de modo usual em nossas instituições de ensino — será registrada pela nota 7.5 (sete e meio), cujo significado é de aprovação.

Porém, sob uma *ótica diagnóstica*, esses mesmos dados estarão revelando ao gestor da ação pedagógica tanto aquilo que o estudante já aprendeu, como aquilo que ainda não aprendeu. Então, poderemos dizer: "Muito bem. Este estudante ofereceu respostas corretas para 15 das 20 questões propostas, porém do que tratam as 5 questões em torno das quais ele não manifestou um desempenho satisfatório? São conteúdos essenciais, sem os quais ele terá dificuldades mais à frente em sua vida de estudos? Necessita, neste momento, aprender esses referidos conteúdos?"

E, na sequência, com base no resultado referido e na compreensão da avaliação como recurso diagnóstico — e, pois, subsidiário de decisões pedagógicas construtivas —, esse referido estudante será reorientado em seus estudos e aprendizagens relativos aos conteúdos nos quais seu desempenho não foi satisfatório. E ainda, como trabalhamos institucionalmente com o ensino coletivo, todos os estudantes que se encontram sob essa situação, ou situação equivalente, deverão ser auxiliados na restauração da sua aprendizagem, de tal forma que ela se manifeste satisfatória.

Observar que, tendo por base os mesmos dados, a *atitude examinativa* é classificatória, e a *atitude diagnóstica* é subsidiária de novas decisões em busca de resultados plenamente satisfatórios.

Assim, a questão básica está centrada, de um lado, na concepção e na prática de avaliação da aprendizagem da qual nos servimos e, de outro, no uso adequado de cada uma das configurações dos resultados da investigação avaliativa, anteriormente sinalizadas.

5.3. Sobre o registro do aproveitamento dos estudantes sob a forma de nota

No contexto da prática da avaliação da aprendizagem, em nosso meio histórico-social, emerge ainda uma pergunta, entre muitas outras possíveis: "Afinal, como atribuímos *nota* aos estudantes?"

Importa compreender que, nos processos avaliativos escolares e universitários, epistemologicamente, a *nota* é, de modo exclusivo, um recurso de registro da qualidade da aprendizagem dos estudantes detectada através dos atos avaliativos.

O termo *nota* tem a ver com *anotação, registro*. Nossa memória viva não nos permite lembrar múltiplos dados ao longo do tempo, por isso necessitamos do seu registro, seja ele numérico, seja gráfico. Nesse contexto, não podemos, pois, confundir avaliação da aprendizagem com a forma de registro da qualidade da aprendizagem de cada um e de todos os nossos estudantes.

A *nota* é uma forma de registro da qualidade da aprendizagem *do* ou *dos* estudantes; a *avaliação*, por seu turno, é o recurso investigativo da qualidade da sua aprendizagem que nos subsidia, como educadores, em nossas decisões pedagógicas, tendo em vista seu desenvolvimento cognitivo e psicológico. Portanto, nota escolar e avaliação são fenômenos diversos, ainda que relacionados.

Desse modo, o melhor que temos a fazer é acompanhar nossos estudantes em sua aprendizagem e registrar sua qualidade, seja em forma de nota, seja por outras modalidades de registro. O registro será o recurso a ser utilizado exclusivamente para reter a memória do desempenho *do* ou *dos* estudantes em seu percurso de formação.

Epistemológica e funcionalmente, o que importa do ponto de vista da avaliação é detectar a qualidade da aprendizagem dos nossos estudantes, fator que subsidia nossas decisões a respeito de nossos cuidados pedagógicos com eles. As formas de registros decorrem de opções e de determinações oficiais do Sistemas de Ensino, sob o qual atuamos[5].

Podemos e devemos praticar os procedimentos da avaliação da aprendizagem relativos aos nossos estudantes, mantendo sempre à nossa frente o entendimento de que o que importa é a aprendizagem e o crescimento de cada um e de todos, fator que implica, de um lado, o conhecimento da situação da sua aprendizagem, e, de outro, a decisão de investir pedagogicamente para que todos aprendam.

Então, com essa compreensão, podemos registrar a qualidade da aprendizagem dos nossos estudantes sob a forma de nota, de conceitos, descritiva, ou de outra modalidade de registro. No caso do Brasil, no presente momento histórico, o registro do aproveitamento escolar e universitário dos nossos estudantes em sua aprendizagem é efetuado sob a forma numérica, à medida que essa é uma decisão do Sistema de Ensino do qual fazemos parte. Porém, o importante, no caso, não é o modo de registro da qualidade da aprendizagem de nossos estudantes, mas sim estarmos comprometidos com sua efetiva aprendizagem e com o seu consequente desenvolvimento.

5.4. Findando as considerações a respeito da prática da avaliação da aprendizagem em nossas instituições de ensino

Em síntese, constitutivamente a avaliação da aprendizagem é uma prática rigorosa de investigação da qualidade da aquisição de conhecimentos, habilidades e valores por parte de cada um e de todos os estudantes com os quais atuamos no ensino. E, em consequência,

---

5. Nesse contexto, importa termos presente que, durante algum tempo, em passado recente em nosso país, nos servimos dos códigos alfabéticos S — Superior, MS — Médio Superior, ME — Médio, MI — Médio Inferior, I — Inferior, SR — Sem Rendimento, para registrar a qualidade do desempenho dos nossos estudantes em seus estudos e aprendizagens.

como profissionais da área de ensino, podemos e devemos, baseados nos resultados decorrentes dos atos avaliativos, tomar as decisões cabíveis, necessárias e epistemologicamente adequadas para garantir a aprendizagem e o desenvolvimento individual de cada um de nossos estudantes e de todos simultaneamente.

A avaliação da aprendizagem é, pois, um ato rigoroso de investigação da qualidade da aprendizagem que nos permite tomar conhecimento do que os nossos estudantes aprenderam e com a qualidade com a qual aprenderam, e, ainda, no caso de uma aprendizagem insatisfatória, subsidia-nos em nossas decisões de reorientá-los para que superem suas carências e dificuldades.

Desse modo, a prática de avaliação da aprendizagem com nossos estudantes, se for adequadamente conduzida, será cuidadosa do ponto de vista metodológico, e, desse modo, subsidiará efetivas decisões a favor da aprendizagem por parte de todos. Afinal, a avaliação é um recurso investigativo da qualidade da realidade em geral, que, no caso da avaliação da aprendizagem, é parceira do educador nas suas decisões voltadas para os procedimentos de ensino, como também parceira dos estudantes em seu percurso de aprendizagem e de seu consequente desenvolvimento.

Afinal, a avaliação representa um dos três atos universais praticados pelo ser humano no decurso de sua existência em busca de sua realização, que são: (a) conhecer a realidade, o que ela é e como funciona, fator que subsidia o modo de realizar nossa ação; (b) qualificar a realidade, avaliar, fator que subsidia nossas escolhas e decisões; e, finalmente, (c) com base nos atos anteriores, tomar decisões e agir. A avaliação é, pois, nossa parceira a nos subsidiar em nosso agir.

CONSIDERAÇÕES FINAIS

Filosófica, pedagógica e metodologicamente, importa que nossos atos institucionais de ensino garantam aos nossos estudantes aprendizagens significativas que subsidiem sua formação e seu consequente desenvolvimento, tanto sob a ótica individual como sob a ótica social.

No decurso das páginas desta obra, tratamos da fenomenologia dos atos pedagógicos de planejar e executar o ensino, assim como de praticar a avaliação da aprendizagem dos nossos estudantes.

Como fundamento para esses atos pedagógicos, expressamos, nos Capítulos 1 e 2, compreensões filosóficas e pedagógicas que podem e, a nosso ver, devem orientar nossas práticas cotidianas nos atos de ensinar em nossas instituições de ensino.

A seguir, nos Capítulos 3 e 4, abordamos os atos de planejar e executar o ensino, e nos Capítulos 5, 6 e 7, tratamos do ato de avaliar a aprendizagem de nossos estudantes, tanto sob a ótica conceitual como metodológica.

A tornar público o presente livro, nosso desejo é subsidiar os educadores de todos os níveis de escolaridade a desempenharem seus atos de ensinar com as qualidades epistemológicas e práticas necessárias, tendo em vista a aprendizagem de nossos estudantes e seu consequente desenvolvimento.

Desse modo, nós professores, através de nossos atos profissionais cotidianos, estaremos contribuindo de forma eficaz para a garantia de uma sociedade saudável para todos.

Importa ultrapassar os dados estatísticos nacionais relativos às sucessivas reprovações e consequentes exclusões sociais de múltiplos cidadãos, aqui e acolá, sinalizadas no presente livro. A educação, por si, não salva nem a sociedade nem seus cidadãos, mas subsidia a formação dos cidadãos, tendo em vista uma formação saudável a serviço de todos.

Planejar, executar e avaliar no âmbito institucional do ensino são procedimentos fundamentais através dos quais, olhando para o futuro, podemos construir e garantir uma sociedade mais saudável para cada um dos cidadãos deste país, bem como para todos ao mesmo tempo.

A publicação da presente obra significa um convite a todos nós, educadores e educadoras deste país, a fim de que juntos trabalhemos para a constituição de uma vida saudável a todos, tanto do ponto de vista individual como social. Em frente, pois!

LEITURAS COMPLEMENTARES
BIBLIOGRAFIA

O leitor poderá encontrar na lista a seguir uma gama variada de tratamentos sobre o tema abordado nesse livro. Esses são alguns dos textos, entre muitos, que se encontram no mercado livreiro e que poderão enriquecer o cabedal cultural e científico dos interessados a respeito da temática abordada no presente livro. O leitor poderá, de forma útil, ampliar o número de referências bibliográficas indicadas.

ABRAHÃO, Maria Helena Menna Barreto. *Avaliação e erro construtivo libertador*: uma teoria — prática includente em avaliação. Porto Alegre: EDIPUCRS, 2000.

AFONSO, Almerindo Janela. *Políticas educativas e avaliação educacional*. Braga: Universidade do Minho, 1999.

AFONSO, Almerindo Janela. *Avaliação educacional:* regulação e emancipação. São Paulo, Cortez, 2000.

AQUINO, Julio Groppa (org.). *Erro e fracasso na escola:* alternativas teóricas e práticas. São Paulo: Summus, 1997.

BALZAN, Newton César; SOBRINHO, José Dias. *Avaliação institucional:* teoria e experiências. 2. ed. São Paulo: Cortez, 2000.

BAQUERO, Godeardo. *Testes psicométricos e projetivos:* esquemas para construção e análise de avaliação. São Paulo: Loyola, 1968.

BARTOLOMEIS, Francesco de. *Avaliação e orientação:* objetivos, instrumentos e métodos. Lisboa: Livros Horizontes, 1981.

BASTOS, Lília; PAIXÃO, Lyra; MESSICK, Rosemary Graves. *Avaliação educacional:* planejamento, análise de dados, determinação de custos. Petrópolis: Vozes, 1977.

CANDAU, Vera Maria (org.). *Cultura, linguagem e subjetividade no ensinar e aprender.* Rio de Janeiro: DP&A, 2000.

CANDAU, Vera Maria (org.). *Didática, currículo e saberes escolares.* Rio de Janeiro: DP&A, 2000.

CURY, Carlos Roberto Jamil. *Educação e contradição.* São Paulo: Cortez, 1985.

DEMO, Pedro. *Avaliação sob o olhar propedêutico.* São Paulo: Papirus, 1996.

DEPRESBITERIS, Léa. *O desafio da avaliação da aprendizagem:* dos fundamentos a uma proposta inovadora. São Paulo: Editora Pedagógica Universitária, 1989.

ESTEBAN, Maria Tereza. *O que sabe quem erra?* — reflexões sobre avaliação e fracasso escolar. Rio de Janeiro: DP&A, 2001.

ESTEBAN, Maria Tereza (org.). *Avaliação:* uma prática em busca de novos sentidos. Rio de Janeiro: DP&A, 2000.

FARIA, Wilson de. *Teorias de ensino e planejamento pedagógico.* São Paulo: Editora Pedagógica Universitária, 1987.

FRANCA S. J., Leonel. *O método pedagógico dos jesuítas:* o *Ratio Studiorum.* Introdução e tradução. Rio de Janeiro: Agir, 1952.

FRANCO, Creso. *Avaliação, ciclos e promoção na educação.* Porto Alegre: Artes Médicas, 2001.

FREITAS, Maria Araújo Chaves; SILVEIRA, Amélia. *Avaliação da educação superior.* Florianópolis: Insular, 1997.

GANDIN, Danilo. *Planejamento como prática educativa.* São Paulo: Loyola, 1993.

GRÉGOIRE, Jacques *et al. Avaliando as aprendizagens:* os aportes da psicologia cognitiva. Porto Alegre: Artes Médicas, 2000.

GRONLUND, Norman E. *A elaboração de testes de aproveitamento escolar*. São Paulo: Editora Pedagógica Universitária, 1974.

GRONLUND, Norman E. *Elaboração de testes para o ensino*. São Paulo: Livraria Pioneira Editora, 1979.

GRONLUND, Norman E. *Sistema de notas na avaliação do ensino*. São Paulo: Livraria Pioneira Editora, 1979.

HADJI, Charles. *Avaliação desmistificada*. Porto Alegre: Artes Médicas, 2001.

HOFFMANN, Jussara. *Avaliação mediadora:* uma prática em construção da pré--escola à universidade. Porto Alegre: Mediação, 1993.

HOFFMANN, Jussara. *Avaliação na pré-escola*. 8. ed. Porto Alegre: Mediação, 2000.

HOFFMANN, Jussara. *Avaliação:* mito e desafio, uma perspectiva construtivista. Porto Alegre: Mediação, 2002.

LIBÂNEO, José Carlos. *Didática*. São Paulo: Cortez, 1994.

LIBÂNEO, José Carlos. *Democratização da escola pública*: a pedagogia crítico-social dos conteúdos. São Paulo: Loyola, 1986.

LIBÂNEO, José Carlos. *Fundamentos teóricos e práticos da prática docente*: estudo introdutório sobre pedagogia e didática. 1990. Tese (Doutorado em Filosofia e História da Educação) — Pontifícia Universidade Católica de São Paulo, São Paulo, 1990.

LIBÂNEO, José Carlos. *Organização e gestão da escola*: teoria e prática. Goiânia: Alternativa, 2004.

LIMA, Adriana de Oliveira. *Avaliação escolar:* julgamento e construção. Petrópolis: Vozes, 1994.

LUCKESI, Cipriano Carlos. *Avaliação da aprendizagem escolar:* estudos e proposições. 22. ed. São Paulo: Cortez, 2011.

LUCKESI, Cipriano Carlos. *Avaliação da aprendizagem*: componente do ato pedagógico. 1. ed. São Paulo: Cortez, 2011.

LUCKESI, Cipriano Carlos. *Sobre notas escolares:* distorções e possibilidades. São Paulo: Cortez, 2014.

LUCKESI, Cipriano Carlos. *Avaliação em educação:* questões epistemológicas e práticas. São Paulo: Cortez, 2018.

LUZURIAGA, Lorenzo. *A história da educação e da pedagogia.* 12. ed. São Paulo: Companhia Editora Nacional, 1980.

MANACORDA, Mario Alighiero. *História da educação:* da antiguidade aos nossos dias. São Paulo: Cortez/Autores Associados, 1989.

MASETTO, Marcos, *Didática*: a aula como centro. São Paulo: FTD, 1996.

MORETTO, Vasco Pedro. *Prova:* um momento privilegiado de estudo / não um acerto de contas. Rio de Janeiro: DP&A, 2002.

NOLL, Victor H. *Introdução às medidas educacionais.* São Paulo: Pioneira, 1975.

PARO, Vitor Henrique. *Fracasso escolar*: renúncia à educação. São Paulo: Xamã, 2002.

PENIN, Sonia. *A aula:* espaço de conhecimento, lugar de cultura. Campinas: Papirus, 1994.

PERRENOUD, Philippe. *Avaliação:* entre duas lógicas. Porto Alegre: Artes Médicas, 1999.

PERRENOUD, Philippe. *Dez novas competências para ensinar.* Porto Alegre: Artes Médicas, 1999.

PERRENOUD, Philippe *et al.* (org.). *Formando professores profissionais:* quais estratégias? Quais competências? Porto Alegre: Artes Médicas, 2001.

POPHAM, W. James. *Avaliação educacional.* Porto Alegre: Editora Globo, 1983.

RABELO, Edmar Henrique. *Avaliação:* novos tempos, novas práticas. Petrópolis: Vozes, 1998.

ROMÃO, José Eustáquio. *Avaliação dialógica:* desafios e perspectivas. 2. ed. São Paulo: Cortez, 1999.

SANT'ANA, Flávia Maria. *Planejamento de ensino e avaliação*. Porto Alegre: Sagra/DC Luzzatto, 1995.

SANT'ANA, Ilza Martins. *Por que avaliar? Como avaliar?:* critérios e instrumentos. 9. ed. Petrópolis: Vozes, 1995.

SAVIANI, Dermeval. *Escola e democracia*. São Paulo: Cortez, 1989.

SCRIVEN, Michael; STUFFLEBEAM, Daniel. *Avaliação Educaciana1 II:* perspectivas, procedimentos, alternativas. Petrópolis: Vozes, 1978.

VASCONCELLOS, Celso dos Santos. *Avaliação da aprendizagem:* práticas de mudança — por uma práxis transformadora. São Paulo: Libertad, 2003.

VASCONCELLOS, Celso dos Santos. *Construção do conhecimento em sala de aula*. São Paulo: Libertad, 2004.

VASCONCELLOS, Celso dos Santos. *Avaliação:* concepção dialética-libertadora do processo de avaliação escolar. São Paulo: Libertad, 2005.

VEIGA, Ilma P. A. (org.). *Técnicas de ensino:* novos tempos, novas configurações. Campinas: Papirus, 2006.

VEIGA, Ilma P. A. (org.). *Aula:* gênese, dimensões, princípios e práticas. 2. ed. Campinas: Papirus, 2011.

VIANNA, Heraldo Marelim. *Testes em educação*. São Paulo: Ibrasa, 1973.

VIANNA, Heraldo Marelim. *Introdução à avaliação educacional*. São Paulo: Ibrasa, 1989.

ZABALA, Antoni. *A prática educativa:* como ensinar. Porto Alegre: Artmed, 1998.

ANEXO ÚNICO

Este Anexo Único aborda a distinção necessária entre os atos de avaliar e de examinar a aprendizagem dos nossos estudantes. Afinal, uma compreensão a subsidiar nosso cotidiano de educadores escolares e universitários.

PRÁTICA DA INVESTIGAÇÃO DA QUALIDADE DA APRENDIZAGEM: EXAMES OU AVALIAÇÃO?

Com o presente Anexo, pretendemos sinalizar aos leitores que, tanto na educação escolar como na educação universitária brasileira, de modo predominante, são utilizados exames escolares e universitários em vez de avaliação da aprendizagem.

Historicamente, de modo genérico no Brasil, a partir de 1970, e de forma específica a partir de 1995, com a nova LDB, passamos a denominar a prática de acompanhamento da qualidade da aprendizagem dos estudantes de avaliação da aprendizagem. Porém, em nosso cotidiano, de modo comum, mesmo após as definições da LDB, continuamos a praticar de maneira usual em nossas instituições de ensino os exames sob as modalidades de provas escritas e orais. Continuamos também a nos servir do registro do aproveitamento escolar e universitário de nossos estudantes por meio de notas registradas numericamente em uma escala variando de 0,0 (zero) a 10,0 (dez), assim como pelas médias entre duas ou mais notas obtidas pelos estudantes. As notas permaneceram também como recursos de aprovação ou de reprovação dos nossos estudantes e como forma de registro formal do seu aproveitamento em termos de aprendizagem.

Ainda que, no seio do senso comum, exames e avaliação da aprendizagem pareçam ser atos equivalentes, de fato são práticas que têm fundamentos epistemológicos, compreensões e práticas institucionais distintas.

A seguir, registramos as características do ato de examinar, assim como do ato de avaliar a aprendizagem, fator que nos permitirá, de modo teórico e prático, compreender que, em nossas atividades educativas institucionais no Brasil, praticamos *exames* de forma usual e predominante, tanto no âmbito escolar como no âmbito do ensino universitário.

1. CARATERÍSTICAS DOS EXAMES ESCOLARES E UNIVERSITÁRIOS

As provas e os exames escolares e universitários[1], de modo genérico, apresentam as características que vêm a seguir. Os exames:

1) Têm por objetivo *aprovar ou reprovar os estudantes* em sua trajetória nas séries escolares constitutivas do Ensino Fundamental

---

1. Na experiência brasileira, até finais do século XX, os *exames* escolares e universitários compunham a modalidade de aferição da aprendizagem dos estudantes que, de modo comum, eram praticados em nossas instituições de ensino em períodos definidos: meio e final do ano letivo. Porém, vale observar que, de modo usual, as denominadas *provas* eram realizadas no próprio decurso do ano letivo através de variadas modalidades que podiam ser mensais, bimensais e até trimensais. O modelo de instrumento de coleta de dados sobre a aprendizagem, nos dois casos, era praticamente o mesmo: um questionário com perguntas e tarefas a serem realizadas.

e do Ensino Médio; e, no caso do Ensino Superior, aprovar ou reprovar os estudantes na sequência das disciplinas por semestres letivos[2].

A prática de aprovar ou reprovar no âmbito do ensino representa um fator fundamental para a manutenção da cultura dos exames escolares em nosso meio sociocultural, com suas usuais consequências, tanto pedagógicas como sociais.

2) *São pontuais*, o que quer dizer que as questões propostas para compor um teste ou uma prova devem ser respondidas pelos estudantes no local e no tempo previamente estabelecidos.

No caso, não importa saber se os estudantes têm domínio dos conteúdos curriculares antes de se submeterem às provas ou aos exames, nem importa se virão a ter depois. O fato é que, no local e no momento em que estão sendo submetidos a um teste ou a uma prova, os estudantes devem pontualmente responder com adequação àquilo que lhes está sendo solicitado. Caso o desempenho seja expresso em outra circunstância, não serve.

3) *São classificatórios*. Todo exame ou prova institucional, de modo especial na área cognitiva, classifica os estudantes minimamente em aprovados e reprovados; ou classifica-os em uma escala de qualidades com um ponto médio, a partir do qual, para mais, são aprovados, e, para menos, reprovados.

Para exemplificar essa modalidade de conduta, basta lembrar a escala de notas escolares atribuídas aos estudantes em nossas instituições de ensino, que, de modo usual, varia de 0,0 (zero) a 10,0 (dez), com a definição de que as notas que variam de 5,0 (cinco) a 10,0 (dez) aprovam, e aquelas que variam de 0,0 (zero) a 4,99 (quatro e noventa e nove) reprovam.

---

2. A partir da Reforma Universitária, decorrente da Lei n. 5.540, publicada em 1968, praticamente todos os Cursos Universitários no Brasil passaram a funcionar de modo semestralizado.

4) *São seletivos*, à medida que excluem aqueles estudantes que não apresentam desempenho satisfatório segundo os parâmetros considerados aceitáveis no âmbito das escalas de notas escolares e universitárias, em conformidade com os parâmetros registrados no item anterior.

5) *São estáticos*, pois possibilitam classificar os estudantes em um determinado nível de uma escala de qualidades relativas à aprendizagem, assumindo essa classificação como definitiva.

De modo usual, essa referida classificação é registrada através de símbolos numéricos, como vimos antes, fator que possibilita, posteriormente, o estabelecimento de médias de notas, que por sua vez classifica os estudantes em uma posição definida dentro de uma escala numérica. No caso, qualidades são transformadas em quantidades[3].

6) *Subsidiam decisões antidemocráticas*, à medida que possibilitam a exclusão de estudantes pela reprovação. A democracia, por si, filosoficamente, é inclusiva, o que significa investir na inclusão satisfatória de todos.

7) Por último, os exames escolares e universitários *oferecem recursos que podem ser utilizados no espaço de uma prática pedagógica disciplinadora*. Com os exames, o Sistema de Ensino como um todo e o educador individual em sala de aula têm em suas mãos um recurso que pode ser utilizado tanto de forma saudável como de forma disciplinadora. Infelizmente, de modo genérico e ao longo do tempo, a tendência do uso disciplinador predominou e tem predominado em nossas instituições educativas.

Com os exames institucionais em mãos, o Sistema de Ensino, através de um senso comum, atende ao modelo social vigente, criando, dessa forma, um escalonamento qualitativo dos cidadãos, fator observável nos processos sociais seletivos.

---

3. Epistemologicamente, as qualidades, à medida que são adjetivas, por si, não possibilitam a obtenção de médias. Contudo, em razão de as qualidades, na prática escolar, serem registradas através de símbolos numéricos, ocorre, no caso, uma transformação indevida de qualidade em quantidade, fator que possibilita a prática das médias de notas escolares.

2. CARATERÍSTICAS DA AVALIAÇÃO DA APRENDIZAGEM ESCOLAR E UNIVERSITÁRIA

Por sua vez, a avaliação da aprendizagem apresenta características diversas das anteriormente citadas relativas aos exames:

1) *Ela tem por objetivo diagnosticar* a situação da aprendizagem dos estudantes, tendo em vista subsidiar tomadas de decisões na perspectiva da melhoria da qualidade do seu desempenho como aprendizes dos conteúdos, sejam eles escolares ou universitários.

2) *É diagnóstica e processual*, ou seja, a investigação avaliativa subsidia a admissão de que este ou aquele estudante, aqui e agora, já tem a posse de um padrão aceitável de conhecimentos com suas consequentes habilidades, ou subsidia o reconhecimento de que este ou aquele estudante *ainda* não tem esses referidos conhecimentos e habilidades. Contudo, após a constatação de que alguns ou vários estudantes não apresentam aprendizagem satisfatória, caso sejam cuidados, poderão apresentar tanto os conhecimentos como as habilidades desejados.

   Afinal, o papel da avaliação da aprendizagem é investigar a qualidade do desempenho dos estudantes em sua aprendizagem, e, desse modo, subsidiar o professor como gestor da sala de aula a tomar as decisões pedagógicas que sejam favoráveis à aprendizagem de todos aqueles que recebem seus cuidados como docente.

3) *É dinâmica*. Através dos atos avaliativos, em primeiro lugar, não se devem classificar os estudantes em um determinado padrão de aprendizagem, mas sim diagnosticar sua situação de aprendizagem a fim de subsidiar decisões pedagógicas, seja para aceitar o padrão de qualidade já atingido, seja para decidir investir na sua melhoria.

   Assim, a prática avaliativa da aprendizagem nas instituições de ensino subsidia decisões diversas daquelas que são tomadas sob a ótica classificatória dos exames, ou seja, decisões diversas da modalidade de aprovar/reprovar.

4) *É inclusiva*. Os resultados dos atos avaliativos subsidiam o professor a buscar meios pelos quais todos os seus estudantes possam aprender aquilo que é necessário para o seu desenvolvimento. Os resultados do ato avaliativo subsidiam decisões pelas quais os estudantes podem e devem ser incluídos e cuidados dentro do processo educativo da melhor forma possível.

5) *Subsidia decisões*. Decorrente do fato de subsidiar a busca do sucesso na vida escolar e universitária, a avaliação da aprendizagem, em consequência, subsidia decisões que possibilitam investimentos para que todos e cada um dos nossos estudantes atinjam um desempenho satisfatório em sua aprendizagem.

Nesse contexto, a prática avaliativa da aprendizagem dos estudantes no âmbito das instituições de ensino subsidia decisões relativas às atividades pedagógicas, tendo em vista o sucesso de todos os estudantes, tanto entre aqueles que apresentam dificuldades, como entre aqueles que são bem-sucedidos em suas aprendizagens. Afinal, o que importa, do ponto de vista pedagógico, é que todos aprendam e, em consequência, se desenvolvam.

6) *Implica uma prática dialógica de ensino*. As características expostas do ato avaliativo da aprendizagem dos estudantes exigem uma prática pedagógica dialógica entre professor e estudantes, tendo em vista estabelecer um pacto construtivo entre todos os participantes da prática pedagógica na sala de aula.

3. EM NOSSAS ESCOLAS E UNIVERSIDADES, TEMOS PRATICADO EXAMES OU AVALIAÇÃO DA APRENDIZAGEM?

Tomando como parâmetros as duas configurações há pouco estabelecidas, de um lado, relativas aos exames e, de outro, relativas à avaliação da aprendizagem, e observando nossas experiências pessoais e a experiência de práticas avaliativas da aprendizagem em nossas instituições de ensino, podemos verificar que, hoje, em nosso cotidiano escolar e universitário, de maneira usual e predominante, quantitativamente, ainda praticamos mais exames escolares e universitários que avaliação da aprendizagem.

De modo comum, não diagnosticamos o desempenho dos nossos estudantes, tendo em vista subsidiar intervenções a favor da busca de sua aprendizagem satisfatória. Nesse contexto, através das provas e dos exames, classificamo-los para aprová-los ou reprová-los, uma prática costumeira em nossas instituições de ensino. Assim, hoje em nossas escolas e universidades, ainda que a Lei de Diretrizes e Bases da Educação Nacional, publicada em 1996, tenha estabelecido formalmente e orientado a prática da avaliação da aprendizagem, continuamos a nos servir das provas e dos exames, ainda que, de modo usual, denominamos essa prática de avaliação da aprendizagem.

Por operar com a finalidade previamente estabelecida de classificar os estudantes em *aprovados* ou *reprovados*, a prática dos exames tem conduzido a nós educadores que atuamos na sala de aula ao modo de agir no qual tem sido predominante o uso da reprovação. Para tanto, basta verificar os dados estatísticos relativos à educação escolar e universitária em nosso país, dados obtidos e divulgados pelo Instituto Nacional de Estudos e Pesquisas Educacionais Anísio Teixeira (Inep)[4].

Para a superação desse padrão de resultados no âmbito da educação institucional em nosso país, uma das nossas tarefas fundamentais como professores é abrirmos mão do uso dos exames escolares e universitários, o que implica investimentos diários de nossa parte

---

4. Periodicamente, o Inep faz um levantamento estatístico de dados relativos ao aproveitamento escolar e acadêmico em nosso país, cujo resultado pode ser facilmente identificado em seus relatórios, disponíveis inclusive pela internet.

na busca da qualidade satisfatória da aprendizagem por parte de todos os nossos estudantes. Para tanto, importa, subsidiariamente, servirmo-nos dos recursos próprios da investigação avaliativa, cujo modo de ser é diverso dos exames.

Afinal, para assumir e expandir a prática da avaliação da aprendizagem em nossas instituições de ensino, importa investimentos tanto de nossa parte, como professores atuantes em sala de aula, quanto da parte dos gestores administrativos das Instituições de Ensino, bem como do próprio Sistema de Ensino em nosso país.

CONHEÇA OUTRAS OBRAS DO AUTOR

AVALIAÇÃO DA APRENDIZAGEM: COMPONENTE DO ATO PEDAGÓGICO

448 páginas
16 × 23 cm
ISBN 978-85-249-1657-1

Com um movimento constante entre a denúncia de uma situação inadequada e o anúncio de novas possibilidades, esta obra traz uma dialética da desconstrução e da reconstrução de conceitos e modos de agir. Uma obra que vê a avaliação como aliada na busca do sucesso na arte de ensinar e de aprender.

SOBRE NOTAS ESCOLARES: DISTORÇÕES E POSSIBILIDADES

120 páginas
16 × 23 cm
ISBN 978-85-249-2183-4

Este livro trata dos desvios e impasses do uso das notas escolares, assim como das possibilidades de acompanhamento que representam, tendo em vista a qualidade satisfatória da aprendizagem de todos.

AVALIAÇÃO DA APRENDIZAGEM ESCOLAR: ESTUDOS E PROPOSIÇÕES

272 páginas
16 × 23 cm
ISBN 978-85-249-1744-8

Nesta obra somam-se estudos críticos sobre avaliação da aprendizagem escolar e proposições para torná-la mais viável e construtiva.

CONHEÇA OUTRAS OBRAS DO AUTOR

AVALIAÇÃO DA APRENDIZAGEM ESCOLAR: PASSADO, PRESENTE E FUTURO

408 páginas
16 × 23 cm
ISBN 978-65-555-5054-2

Esta obra traça, inicialmente, um arco histórico dos séculos XVI ao XX, partindo da Pedagogia Tradicional jesuítica, comeniana e de Johann Herbart, passando pela Escola Nova de John Dewey e Maria Montessori e chegando à Tecnologia Educacional de Ralph Tyler, Benjamin Bloom e Norman Gronlund. Na sequência, se debruça em reflexões da prática da avaliação da aprendizagem no cotidiano das escolas, com inúmeras experiências sobre o ato de avaliar e discussões das posturas do educador nesse processo.

AVALIAÇÃO EM EDUCAÇÃO: QUESTÕES EPISTEMOLÓGICAS E PRÁTICAS

232 páginas
16 × 23 cm
ISBN 978-85-249-2685-3

Uma publicação comemorativa dos 50 anos do autor dedicados aos estudos da temática da avaliação em educação. Trata de questões epistemológicas do ato de avaliar e do uso dos seus resultados, da avaliação da aprendizagem, da avaliação institucional e de larga escala na educação brasileira e, por fim, do educador e de seu papel no ensinar-aprender.